尹连根 著

纪实写作与公共说理

中山大学出版社
·广州·

版权所有　翻印必究

图书在版编目（CIP）数据

纪实写作与公共说理/尹连根著.—广州：中山大学出版社，2022.12
ISBN 978-7-306-07612-0

Ⅰ.①纪…　Ⅱ.①尹…　Ⅲ.①写作学—高等学校—教材　Ⅳ.①H05

中国版本图书馆 CIP 数据核字（2022）第 161512 号

JISHI XIEZUO YU GONGGONG SHUOLI

| 出　版　人：王天琪
| 策划编辑：金继伟
| 责任编辑：叶　枫
| 书名题字：董士兢
| 封面设计：林绵华
| 责任校对：麦颖晖
| 责任技编：靳晓虹
| 出版发行：中山大学出版社
| 电　　话：编辑部 020-84111997，84113349，84111997，84110779，84110776
| 发行部 020-84111998，84111981，84111160
| 地　　址：广州市新港西路 135 号
| 邮　　编：510275　　　　　　传　真：020-84036565
| 网　　址：http://www.zsup.com.cn　E-mail:zdcbs@mail.sysu.edu.cn
| 印　刷　者：佛山市浩文彩色印刷有限公司
| 规　　格：787mm×1092mm　1/16　14.5 印张　250 千字
| 版次印次：2022 年 12 月第 1 版　2024 年 2 月第 2 次印刷
| 定　　价：48.00 元

如发现本书因印装质量影响阅读，请与出版社发行部联系调换

序

"博雅教育"（liberal arts education）一词近年来屡屡被挂在国人们的嘴边，但我开设"纪实写作与公共说理"这门博雅课程以后发现，坊间难觅可以运用到这门课的合适教材①。就这样，本书应运而生。

这门课程的开设有很大的偶然性，起源于深圳大学新闻系老师对学生的普遍感受——写作水平有待提高。后来，我被推荐来开设这样一门课。那么，取个什么课程名呢？基于对新媒体环境下写作趋势变化的判断，我认为"纪实写作"与"公共说理"这两块最重要，前者以记录现实为要务，后者以观点表达为要务。在这个新媒体勃兴的众声喧哗年代，此二者被使用得日渐频繁，也日见重要。基于此，岂能说"纪实写作"与"公共说理"只是新闻学子所应该具备的写作素养？不！这两方面素质应该是所有大学生必备的。出于这种想法，我一开始备课就要求自己在"博雅"二字上做文章。

何谓"博雅"？有别于专业教育、职业教育，不为单一专业学科所框限，代之以广泛的人文、科学基础教育，诉诸自由思考能力和自由表达能力的培养，诉诸精神的自由成长。"自由"是博雅的灵魂，这一点从英文可看得分明，"liberal"的基本义即"自由的"。基于此，我不想给学生讲多少写作说理知识，也不想给他们传授多少写作说理技巧，而是培养他们的写作说理思维。通俗地说，就是让他们面对写作和说理时，知道从什么路径来"进行"独立、批判、自由的思考。这也是本书努力区别于写作方法技巧一类书籍的关键所在。

具体而言，《纪实写作与公共说理》涵盖了语文、逻辑、写作三部分内

---

① 徐贲的著作《明亮的对话》（中信出版社 2014 年版）、《阅读经典：美国大学的人文教育》（北京大学出版社 2015 年版）、《批判性思维的认知与伦理》（北京大学出版社 2021 年版）都是博雅课程的绝佳参考材料。

容，此三者密不可分。

逻辑保证思维的缜密、严谨、清晰。有同学问我：过于强调逻辑，会不会有损文学性。这种担心是多余的，逻辑性与文学性并行不悖，前者诉诸思维，后者诉诸表达，二者并不相互干扰，反而相互影响，联系紧密。逻辑的学习刚开始可能会显得呆板；但到了一定阶段，当它沉淀到你的思维模式里时，才是它真正发挥效能的时候。那时，你才能感受到那种在思维上从心所欲不逾矩的快感。

尽管语文是这门课的有机构成，可限于课时，我便要求同学们课外朗读、背诵，我负责课内检查。作为博雅教育，语文未必一定要老师带着学生在课堂上剖析，我更倾向于学生们自己沉潜往复、从容含玩。你不必非要分析什么写作技巧，你不必非要获得什么人生哲理，你只管读，只管体味那种阅读的享受。主要依托王力主编的《古代汉语》[①] 和朱东润主编的《中国历代文学作品选》[②]，我集纳了14首诗、14首词、14篇散文（篇目见本书附录五），谓之《古诗词散文选》，发给学生。我以为中国文学的精华在古典文学，人文素养教育应该从古典文学开始。当然，语文这部分内容无从也不必体现于本书了。

至于写作说理，我偏重于讲解一些原则和理念，主要是思维上的，而不是技巧上的，因为写作本就文无定法，思维比技巧更重要。同时，写作说理原则理念和逻辑知识相互穿插。这部分是本书的重点，本书的框架也是围绕本部分而展开。第一部分是写作说理所共有的基础内容，即，第一章"词语的多义性"、第二章"词语与概念"、第三章"语句与判断"、第四章"写作的基本原则"；第二部分是纪实写作部分，即，第五章"写作过程"、第六章"陈述方式与纪实写作"、第七章"纪实写作"；第三部分是公共说理部分，即，第八章"说理的要素"、第九章"推理的基本类型"、第十章"说理的常见逻辑谬误"、第十一章"公共说理的无惧与有德"。章节划分是相对区别的需要，而具体到写作说理，很多内容很难泾渭分明，也没有必要泾渭分明。比如，第五章"写作过程"、第六章"陈述方式与纪实写作"、第九章"推理的基本类型"是无论纪实写作还是公共说理都适用的。

---

① 王力：《古代汉语》（修订本），中华书局1981年版。
② 朱东润：《中国历代文学作品选》（1—6），上海古籍出版社2002年版。

通过这门课的教学，我感到此类博雅课程还应该有另外一个内涵，就是"解放"。有些西方教育工作者正是用"liberating education"来指代博雅教育的。

第一，有助于学生从功利心态的学习中解放出来。这门课所有内容都不是学了以后效果立竿见影的，都需要假以时日才可见效，对学生有一种潜移默化的影响。如果仍然以考什么才学什么的功利思路来对待这门课，学习效果将大打折扣。比如我要求阅读和背诵的古诗文，不过是导引学生感受中国古代文学之美的前奏罢了。而所讲的逻辑与写作说理理念都无从体现于期末考试一类，相反，它们体现于日常写作中。也就是说，如果抱着急功近利的心态学习博雅课程，大抵是会失望的；博雅课程只能怀着成长的心态学习，它本就是一种成长教育而非成功教育。

第二，有助于学生从被动学习的状态中解放出来。这门课不仅有大量的课外自学任务，而且还有大量的写作任务。这些都需要一种主动学习的态度。这门课开设于大一上学期，学生刚刚跨出高中校门，他们不少人还更习惯于高中那种填鸭式的被动学习，而这门课则要求他们必须完成学习态度的转变。尤其写作，如果被动应付，把日记记成流水账，把初稿随便改几个字就作为终稿提交，是无法体会到写作的愉悦和进步的。实际上，这门课是要把写作从模式中解放，把表达交给学生自己，让写作成为学生的学习习惯，乃至一种生活方式。

第三，有助于学生从读书目的的标准化中解放出来。所谓标准化，就是理所当然、不需要对其本身进行反思的路子。所谓读书目的的标准化，指的是"小学—中学—大学"的标准化，是把所有孩子都放在一个模子里铸造。这是一些学生上大学后忽然四顾茫然的原因所在。为什么？没有了标准化的、不假思索的读书目的。所以，他们需要重新确定读书目的，因为大学没有了适应所有学生的模子，大学是一个自己铸造自己的过程。那么，从哪里获得自我决定的养分，自我铸造的资源？包括"纪实写作与公共说理"在内的博雅课程便是。如前所述，这门课指向的就是学生独立、批判、自由地思考的能力，这种能力是铸造自己、不再从众的必要素质。而且，这门课，当然也包括本书，暗含的一个前提，就是做你自己。做你自己，为自己而写作，其实也就是尽情而无拘束、无顾忌地展示自己的个性，结果会显出你的独特性。做你自己，用之于纪实写作，你不必自欺欺人，你只要真实地记录你的见闻与感受；用之于公共说理，你不必言不由衷，你只要真诚地表达你的观点和声音。做你自己，你是自由的，你不需要夹着尾巴做人，你不用担心动辄得咎，你可以让写作变成一件自由的事情——从为自己写作开始。做你自己，把自己从标准化的模子里解放出来。

总之，《纪实写作与公共说理》这本书正如同名课程一样，包括两个目的：一个着重写作说理思维，指向写作说理的理念与逻辑；另一个着重独立批判思维，在理论与实践之间穿梭，涉猎文史哲，润物细无声，突出博雅。相应地，本书也可以有不同的使用层次。基本层次是获得写作说理的思考路径，进阶层次是获得精神的自由成长和心灵的自我解放，最高层次是有助于做自己。梁漱溟说："中国文化最大之偏失，就在个人永不被发现这一点上。"① 那么，我期待这本书对同学们发现自我、成为你自己、做你自己有所裨益，而不仅仅是对提高纪实写作与公共说理能力有帮助。当然，尽管我的出发点是善良的，愿望是美好的，但到底才疏学浅，一本小书能否真正有助于大学生实现自我，我心里没底。每念及此，诚惶诚恐，但求能不误人子弟，足矣。

---

① 梁漱溟：《中国文化要义》，上海人民出版社2005年版，第221页。

目录

CONTENTS

第一部分 基础内容 /1

第一章 词语的多义性 /2
 一、基本义和引申义 /2
 二、词语的情味 /4
 三、抽象词与具象词 /6
 四、词语与现实 /10
 五、有害的词语基因 /12
 六、尊重母语，积累自己的词汇 /17

第二章 词语与概念 /19
 一、概念和语词的关系 /20
 二、运用概念的原则 /22
 三、明确概念的常用方法 /25
 四、集合概念与非集合概念 /29

第三章 语句与判断 /33
 一、语句与判断的关系 /33
 二、简单判断 /36
 三、复合判断 /42

第四章 写作的基本原则 /49
 一、简洁 /49
 二、清晰 /56
 三、连贯 /64

第二部分　纪实写作　/71

第五章　写作过程　/72
一、写作前　/72
二、写作中　/77
三、写作后　/89

第六章　陈述方式与纪实写作　/94
一、三种陈述方式　/94
二、陈述方式的交织　/100
三、事实判断与价值判断　/103
四、纪实写作的陈述原则　/106

第七章　纪实写作　/111
一、什么是真实？　/111
二、讲故事　/116
三、纪实写作的内容　/120
四、纪实写作的形式　/126

第三部分　公共说理　/131

第八章　说理的要素　/132
一、话题　/132
二、聚焦　/134
三、论证　/137
四、证据　/145

第九章　推理的基本类型　/149
一、演绎推理·三段论　/150
二、归纳推理　/156
三、类比推理　/158

第十章　说理的常见逻辑谬误　/161
一、心理相关型谬误　/162

二、证据不足谬误 /167
三、不当预设谬误 /172
四、分散注意力谬误 /178
五、歧义谬误 /181

第十一章　公共说理的无惧与有德 /185
一、恐惧与公共说理 /185
二、德行与公共说理 /188

参考文献 /193

附　录 /201

附录1　我们该怎么学习"纪实写作与公共说理"？ /202
附录2　从这里出发 /207
附录3　苦难看得见 /210
附录4　成为你自己 /213
附录5　七类相关作品推荐 /216

第一部分

基础内容

第一章　词语的多义性

写作的基本单位是句子，句子的基本单位是词语。刘勰说：

  夫人之立言，因字而生句，积句而成章，积章而成篇。篇之彪炳，章无疵也；章之明靡，句无玷也；句之清英，字不妄也；振本而末从，知一而万毕矣。①

词语的重要性可见一斑。

词语的特征之一在于多义性。多义性一方面是词语本身决定的，就是我们常说的一词多义；另一方面取决于词语本身抽象程度的高低。还有一种是我们在日常使用中促成的，这时候其意义就需要视具体情境而定。如果已经沉入意识和思维之中，变成现实概念地图的一部分，则可谓之"基于现实环境熏陶的多义性"。

一、基本义和引申义

基本义就是一个词语的原初释义。如：红，其基本义是一种颜色。

引申义就是由基本义而引申出来的释义。如"红"可以引申为"喜庆"：挂红、披红戴花、红白喜事；可以引申为"顺利、成功"：红榜、开门红、红运当头；可以象征"革命"：红色江山、红军、红旗、红心。

"红"的引申义之复杂，可以用图 1-1 来简略地表示。

---

① 〔南朝梁〕刘勰著，范文澜注：《文心雕龙注》，人民文学出版社 1962 年版，第 570 页。

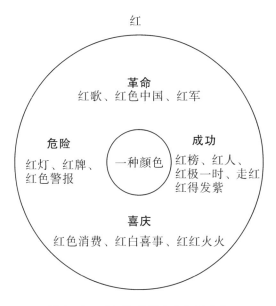

图 1-1 "红"的基本义和引申义

不同于基本义,引申义往往暗含着爱、仰慕、同情、厌恶、鄙视、痛恨等正面或负面情感元素。

比如上面列举的"红"的引申义均为正面情感,但是,同为"红",其引申义也经常用于负面情感,比如,"红灯区"(色情场所)、"红牌"(警告或处罚)、"红眼病"(嫉妒心)。

再比如,"黄昏"本义指傍晚时分,后来又被引申为人生的晚年阶段,从而有"黄昏恋";"黄金"本义是金属的一种,但因其相对稀缺而被引申为宝贵,从而有"黄金地段""黄金岁月"云云。跟"红"一样,"黄""白"本义均为颜色的一种,后来因为东亚人皮肤多黄色、西方人皮肤多白色而引申为东亚人、西方人的代称,比如"黄种人""白种人"。

基本义和引申义都是一种文化中的人们对某个词语长期约定俗成地使用的结果。这种使用需要靠平时的长期积累,否则,要么可能会削弱词语使用意义本身的丰富性,要么可能会造成词语意义的误用或乱用。

二、词语的情味

　　两个词的意义即使相同，情味常有区别。譬如说："他逃走了"，"他溜走了"，"逃"与"溜"虽都是走掉的意思，但情味很不一样。"老屋"与"旧屋"，"书简"与"信札"，有雅俗之分。"似乎""俨然"没有"像煞有介事"轻松，"快乐"较"欢喜"来得透露显出……

　　词的情味可从好几方面辨认，有的应从字面上去推敲，有的应从声音上去吟味。"书简"与"信札"的不同，似出于字面。"萧瑟"与"萧条"的不同，似出于声音。每遇一词，于确认其意义以外，再从各方面去领略其情味，这是很要紧的功夫。[1]

　　如果说词义好掌握，查字典足矣的话，那么，词语的情味则需要结合具体使用情境，也就是前后左右去琢磨。比如，"恨你"，这句话既可能是真的骂人，也可能是调侃甚至表示亲昵，其情味取决于情境。情境就像过滤器一样，会过滤掉一个词语的这样一些意思，而保留一个词语的那样一些意思。因此，要理解一个词在具体表达中的意思，需要到语境中去。更具体地说，所谓的语境，就是环绕在该词语前后的词语和句子。

　　比如，猪是一种动物。但是，"猪"作为词语所具有的情味却是多样的，取决于使用的情境：

　　　　你像小猪佩奇一样可爱。
　　　　你像猪一样蠢笨。

　　比如，"老"作为一个词，一方面引申义众多，一方面情味多样，两者裹在一起尤为值得揣摩：

　　　　生姜是老的辣。
　　　　他真是老黄牛。
　　　　老当益壮

---

[1] 夏丏尊、叶圣陶：《文心》，生活·读书·新知三联书店2008年版，第163-164页。

> 北大是百年老校。
> 这真是老掉牙了。
> 他真是老古董。
> 老气横秋
> 你这个老不死的。

再比如：

> 一个红脸的大胖子
> 一个红光满面、身材魁梧的男人

虽然都可以用来描写一个人，虽然都使用了"红"字，但是情味迥异。"胖子"是对肥胖的人很口语化的叫法，有一定的负面意味，再冠之以"大"，负面意义被强化，而且，过于口语化本身就是对所谈论对象的一种轻视。"红脸"固然是个中性词，但与后面的"大胖子"结合起来则有相互映照之效。相反地，第二句呢？"男人"是个中性词，而"红光满面"却包含脸色红润、有光泽等正面寓意，"魁梧"更是形容男人身材的强壮高大，亦有正面寓意。同一个人，在不同作者笔下的形象却一褒一贬、判若两人，何也？情味使然。

类似的还有：

> 水杯一半是有水的。
> 水杯一半是没水的。
>
> 修长、苗条、瘦削
> 羸弱、骨瘦如柴
>
> 天真无邪
> 轻信、幼稚
>
> 政府官员、公务员
> 政府官僚
>
> 呕心沥血

处心积虑

屡败屡战
屡战屡败

为此，在日常写作中选择词语来进行表达的时候，我们就需要格外用心。无论是基本义还是引申义，我们都需要在使用时使词语的前后搭配协调、统一，以便准确传达我们希望表达的意义与情味。

当然，功夫在诗外。对词语情味的细腻把握有赖于勤查字典和平时阅读的积累，二者不可偏废。

三、抽象词与具象词

抽象词用来指那些看不见、摸不着，而只能通过思维来感知的事物，比如，民主、正义、自由、爱、善良、邪恶；具象词用来指那些看得见、摸得着，实体存在的事物，比如，玫瑰花、雷雨、水。抽象词有助于建构知识，具象词有助于说明现象。

当然，这两类词之间并没有一条泾渭分明的区隔线。不过，一个词的抽象程度越高，这个词与现实事物的联系便越不直接，词与现实之间的相符程度就越低，其意思就越模糊。这样，人们就更可能存在不同的理解，解读的弹性空间也相应地更大。

比如我们耳熟能详的"封建主义"，当我们看到这个词时，有的人可能想到的是土地分封，有的人可能想到的是头脑顽固，还有的人会想到"封建迷信"。但是，即便"封建迷信"，依然是个抽象词，跟现实之间的联系还是间接的。无论"封建"还是"迷信"，它们作为概念在我们社会语境中的负面意义都是显然的，"封建"等同于"落后、守旧的思想"，"迷信"等同于"愚昧的宗教活动"。

一想到"落后""愚昧"一类的词，不难想到国际传播学中曾经红极一时的发展传播。发展传播的一个基本预设就是，西方才是进步的、文明的，非西方都是落后的、愚昧的。那么，非西方国家要谋求摆脱落后、愚昧状态，就必须复制西方的进步、文明模式。这种观点后来被证明是一种简单的线性思维，其出发点固然良好，但路径的现实性有限。最重要的缺陷是，对于"落后""愚昧""进步""文明"一类的抽象概念，发展传播有且只有"西方模式"这个唯一的价值衡量标准和判断尺度。

这其实从另一个角度提醒我们，越是抽象词，其背后越可能宣扬的是一种价值观，是一种价值判断。而对价值观的解读，极端一点地说，见仁见智是很正常的。这样来看，尤其涉及价值观一类的抽象词时，就必须靠具象词来进行明晰，以便使之"落地"，否则，大家用的是同一个抽象词，指代的却是不同的社会现象，鸡同鸭讲。

钱穆是文史大家，但即便这样的大师级学者，在使用一些抽象概念时，恐也偶有失之严谨：

> 在西方国家很早便带有一种近代所谓"资本帝国主义"的姿态，在中国则自始到今常采用一种近代所谓"民主社会主义"的政策。……中国已往历史上，也不断有科学思想与机械创作之发现，只因中国人常采用的是民主社会主义的经济政策，"不患寡而患不均"。①

有失严谨在哪里？有失严谨在对诸如"资本帝国主义""民主社会主义"一类抽象词的运用上：既缺乏明晰的概念内涵，也缺乏必要的具象词来说明和支撑。正如王汎森所言："在现代中国，社会主义是最难有定义的术语之一。"②

对抽象词与具象词，美国语言学家早川（Samuel Hayakawa）创造性地发展出一套图表来区分词的不同抽象程度。

例

学者的书
中国学者的书
著名中国学者的书
民国时期著名学者的书
陈寅恪的书
陈寅恪的《柳如是传》

---

① 钱穆：《中国文化史导论》，商务印书馆1994年版，第16页。
② 王汎森：《傅斯年》，生活·读书·新知三联书店2017年版，第219页。

这六个句子的抽象程度就是逐级递减的。随着抽象程度逐级递减，其具体、清晰程度也越来越高。

例

> 认识
>
> 思维
>
> 思维技巧
>
> 使用思维的想象力
>
> 建立观点的联系
>
> 把两个观点连接起来

这六个句子也是越来越具体，最后一句"把两个观点连接起来"最具体；不过就表达而言，它显然不及比如"认识"或"思维"更能抓住思想的要点。

早川把这种理解问题的模型称作"抽象的阶梯"（the ladder of abstraction）[1]。

在抽象的阶梯上，抽象程度越高，其意思越难明晰。为此，高抽象层次的词语经常需要以更具体的低抽象层次的词语来解释。相反地，抽象程度越低，虽然其意思和所指越明晰，但又往往会越失之于细节，越不能达到整体性的纲举目张、清晰表达思想的目的。所以，具象词、抽象词各有所长、各有所短。

具象词、抽象词的使用需要视情境而定。有些情况下，你并不想那么清晰地表达你的意思。比如，我们跟他人不想深聊了，既可以说"对不起，我还有些事情要马上处理"，也可以说"对不起，我家水管爆了，我现在得马上找人去修"。前一个回答更抽象，有敷衍之嫌；后一个回答更具体，显得有诚意。

抽象词和具象词使用的总体原则一般有三。

其一，要表达本质、观点、意义等方面内容，要回答"为什么（重要）"一类的问题，优先使用抽象词。

例

> 共存需要理性、科学、勇气和智慧。人类将在很长时间内不得

---

[1] ［美］塞缪尔·早川、艾伦·早川著，柳之元译：《语言学的邀请》，北京大学出版社2015年版。

不与病毒共存、与流言共存、与愚昧共存、与疾病共存!

这篇文字重在表达观点,揭示"共存"观的本质,所以,上面几乎清一色地使用抽象词,比如,"理性""科学""勇气""智慧""愚昧"等。

而要表达现象、细节、说明等方面内容,要回答"怎么样(工作)"一类的问题,优先使用具象词。

例

> 我有点懒,很少发微博,一般是1~3个月发一条。但最近很多人关心我,我就给大家汇报下这几天做的事情。
>
> 周一:上海市公共卫生临床医学中心专家组查房,主要是总结德尔塔病毒的诊治经验……唯一遗憾的是因为上海市专家集体查房,周一下午原来的特需门诊不得不停诊。对不起挂了号的患者。
>
> 周二:因为不能对不起在网络上好不容易抢到号的患者,特别是外地患者都已经来到上海了,接到停诊通知时是非常崩溃的。唯一能够挽回的是请这些病人退号然后转成周二上午的普通门诊,虽然多待了一天,但是挂号费省了几百块,也算是我的一份心意和歉意了。周二原来就有半天的普通门诊,也必须看掉。一天看了两个门诊,有点累。[①]

这几段文字开门见山,就是"汇报下这几天做的事情",所以,其文字以具象词居多,以描写细节、表达心情。

其二,抽象程度宁低勿高。当然,并不是简单、笼统地认为越低越好。低抽象的常用方法有:举例、描写、列数据、举个案。

例

> 大学教育质量如今出现明显滑坡。
>
> 学生批判性思考问题的能力下降。
>
> 以××大学为例,学生的课堂出勤率为45%,有博士学位的教师人数仅占30%,学生的平均绩点为2.8。

---

① 摘自微博"张文宏医生":https://weibo.com/7454177482/Ku4cM4jmR?pagetype=profilefeed。

这三个例子表达的都是同一个主题,但就清晰度来说,最后一个胜出,因为它有具体评价标准及相应的分值,一目了然。

其三,避免"死线抽绎"。应根据内容需要,沿着抽绎阶梯上下波动,高低交融,既有高抽象层次的概括,又有低抽象层次的细节。

例

此次比赛体现了公司员工顽强拼搏、团队合作的精神,增进了员工之间的友谊,也大大提高了员工参加体育活动的积极性。

这个句子的整个用词抽象程度一直很高,包括"顽强""合作""友谊""大大""积极性"等。这些抽象词在没有具象词进行配合的情况下,一方面让读者无从准确把握整个句子的内涵;另一方面,一千个读者对"此次比赛"就有一千种理解。这就是一种高抽象层次的死线抽绎。

但是,此类死线抽绎热情有余、观点鲜明,却往往说服力不足、可信度不够,容易被怀疑和质疑。补救的方法就是辅之以低抽象程度的细节和说明。

四、词语与现实

词语是用来指代、描述和评价现实的,但是,它到底只是符号,而不等同于现实。不过,在具体社会情境中浸淫日久,一些词语在我们的认识中就容易被当作现实,从而跟现实产生联系;或者被当作常识,进而影响我们的行动,包括写作。

比如,在日本明治时期,天皇在国民心目中宛若神明,其地位至高无上,是国家的象征,词语"爱国"在现实中一度等同于"爱天皇",结果:

每所学校都要悬挂天皇像,倘若有一所学校着了火,人们非得先把那张天皇像抢救出来不可,即使要冒生命危险也在所不惜(如果有人因此被烧死还会被封为贵族)。[1]

---

[1] [美]塞缪尔·早川、艾伦·早川著,柳之元译:《语言学的邀请》,北京大学出版社2015年版,第39页。

诸如"恋爱""婚姻"等属于日常生活中脱口而出的词语，指代的也未必是同样的现实。在一些地方，词语"恋爱"在现实中指代的是以奔向结婚为目的的男女关系，带来的行动就是，年轻人一恋爱就得结婚，否则会受到批评。此外，在一些保守观念中，词语"婚姻"在现实中通常指代的是不离婚的男女关系，带来的行动就是，凑合式婚姻遍地；词语"离婚"在现实中指代的是一种人生失败，带来的行动就是，离婚者会被人指为"没本事"，避之唯恐不及；词语"成功"在现实中指代的就是"跳龙门"，带来的行动就是，衣锦还乡，光宗耀祖，祖宗坟前磕头，活给邻里看，活给列祖列宗看，活给父母长辈看，反正不是活给自己看；同样，词语"好孩子"在现实中的基本标志就是听话，唯父母之命是从，传宗接代，"必须生个儿子"被奉为圭臬。

什么是词语"高考"的现实含义？对于有些人，高考就是上一所好大学，上好大学的前提是好成绩。那么，凡是有利于考取好成绩的都值得学，凡是不利于或者无益于考取好成绩的都不值得学。带着同样的功利思路步入大学，这类学生就会为了考取好成绩而去选修"水课"，或者是因为读书未必带来好成绩而不读书。

什么是词语"人"的现实含义？有些人将"人"在现实中理解为"手段"，比如，"一将功成万骨枯"，一个人的成功需要数万人为他买单，拿人垫背，人在目标面前只是数字或者数字的集合，把人当枪。有些人将"人"在现实中理解为"目的"，人作为理性存在者生而人格平等，每个人都是独一无二的，都有存在的价值、意义，都有被他人平等地尊重的权利，把人当人。

现在来做个实验：面对同一个词语，却注入另一种含义，你将看到不同以往的现实，你或采取迥异于前的行动，你将步入新的写作境界。

"恋爱"是两情相悦，无涉婚姻；"婚姻"是契约共同体；"离婚"是婚姻的纠错机制；"成功"是为了讨好自己，否则宁愿不成功；"好孩子"是不让自己的思想成为父母"跑马场"的孩子；"高考"的意义在于成长；"人"的意义在于其存在本身。

这可算作另一种多义性——基于现实环境熏陶的多义性。只是对个体来说，这种多义性非常值得反省和检讨，因为此类多义性的组合实际上就是我们认识和感知现实的思维底色和现实概念地图。无论写作还是生活，我们所依赖的就是由这些词语编织起来的现实概念地图，这些地图就是我们行动的预设，会影响和指导行动，包括写作。人与人的不同、作品与作品的不同，本质上就是现实概念地图的不同。

可见，词语指代现实和影响行动与写作的力量不容低估。越是我们以为理所当然的现实指代词语，其影响力越大。从写作角度而言，为了更自觉地写作，更独立地写作，更有深度地写作，请重新评估一切词语的意义。越是那些理所当然的词语，越需要最先进行重新评估。"理所当然"的英文是什么？Take it for granted. 那么，如今我们应该将这句话改为：Take nothing for granted. 首先需要反思的，是现实概念地图中那些有害的词语基因。

五、有害的词语基因

有害的词语基因指的是那些沉淀到公共话语之中，有害于正常表达的词语用法。这些用法由于长期缺乏必要的省视，以至于有代代承传之虞，类似于基因影响我们的日常语言表达和运用，有的沉淀到公共话语之中，沉淀到我们的现实概念地图中，甚至到了习焉不察的地步。这种情况下，对这些词语基因保持警惕就显得十分必要。

（一）非黑即白的极化表达

有些人会偏好用非黑即白的词语表达，对现实进行简单的两极划分。比如，"不是男的就是女的"，是不是错了？当然错了，比如还存在跨性别者。比如，"要么爱一个人，要么恨一个人"，是不是错了？当然也错了。大部分父母是爱自己的孩子的，但是，可能绝大多数父母也会有对孩子恨铁不成钢的时候。更何况俗语有云："爱之深恨之切。"再比如，好人就好到底，坏人就坏到家，但是，现实呢？好人会做坏事，坏人会做好事，好心也可能会办成坏事。

非黑即白这种极端的思维方式简单粗暴，用于公共说理的话，会因为敌我两分而充满戾气，破坏公共说理应有的建设性，不利于开拓人的视野；用于人生的话，要么成功要么失败，主观堵塞了中间地带的人生可能性，不利于对外界保持开放的态度和平和的心态，不利于对环境变化保持敏锐的洞察力和弹性的应变力；用于自我的话，正面的极端是完美，负面的极端是完败，完美难以企及，完败易于贴标签，结果容易令人产生不满足感和沮丧、挫败等负面情绪。

但是,世界是丰富的,事物是多样的,现实是多元的,人性是复杂的。现实世界中还有很多介于黑白之间的灰色区域和中间地带,甚至即便是"白",也有"黑"的时候;即便是"黑",也有"白"的时候,并非两个对立面就可以涵盖。并非要么你爱我,要么你恨我;要么朋友,要么敌人;要么爱国,要么叛国;要么高尚,要么卑劣;要么哭,要么笑。很多时候,人们没有看到在极端的黑白之间存在长长的灰色地带。比如,在爱与恨之间,更多是激情消退后左手摸右手的无感时光,时而爱恨交加;在幸福与苦难之间,更多是锅碗瓢盆柴米油盐的寻常岁月,时而五味杂陈;在成功与失败之间,更多是谋一份职业养家糊口的平淡人生,时而潮起潮落;在好人与坏人之间,更多是无所谓多少刻意于善抑或恶的自利之人,时而善意萦怀或恶念顿生。梁漱溟也曾说过:

> 动辄说"历史车轮"如何如何。这真是笑话……进固有,退亦常有,盘旋而不进不退者亦有;那种种情态,简直难说得很。事例太多,随在可见,不烦枚举。如前第一章谈到中国古代颇有科学萌芽,后来转退化不见,即其一例。①

(二) 黑白抒情

基于上述第一点"非黑即白的极化表达",词语首要的作用是抒发感情,而不是描述现实。感情是现实的标尺,感情所依托的则是黑白分明、他我两分。凡是属于他者的都是黑的,他者的现实都是丑陋、邪恶的,即便他者现实中存有美好,人们可以或视而不见,或曲解成丑陋;在词语的运用上,清一色挞伐、贬损、丑化。相反地,凡是属于我者的都是白的,我者的现实都是美好、纯洁的,即便我者现实中存有丑陋,人们可以或视而不见,或修饰成美好;在词语的运用上,清一色歌颂、神化、美化。也就是说,在黑白抒情的词语基因中,没有中性、客观的空间,要么对黑的辱骂,要么对白的礼赞,二者都是一种夸饰。

在此以骆宾王《代李敬业传檄天下文》②为例来说明黑白抒情式词语

---

① 梁漱溟:《中国文化要义》,上海人民出版社2005年版,第39页。
② 朱东润:《中国历代文学作品选》(中编第一册),上海古籍出版社2002年版,第282–287页。

表达。

这篇文字对武则天可谓极尽贬损、丑化之能事，首先称她的政权为"伪"，即不合法；继而翻"黑历史"，攻击她出身卑微，与太子关系暧昧，"秽乱春宫"。然后，骆宾王列举武则天罪行——"残害忠良，杀姊屠兄，弑君鸩①母"。除第一条"残害忠良"有据可查外，"杀姊屠兄"夸大其词，武则天的确流放了其兄长武元庆、武元爽，但流放与屠杀不可相提并论，至于杀害姐妹则未见记载。"弑君鸩母"也未见史书，如注释言，"可能是出于传闻；或敌意地给她加上这些罪状"②，也就是捏造事实。诉诸遣词造句的丑化本身是一种抒情，但骆宾王不止于此，紧接着直抒胸臆、直接抒情：武则天的这些行为"虺蜴③为心，豺狼成性""人神之所同疾，天地之所不容""包藏祸心"④。对此类黑白抒情式词语，我们并不陌生，信手拈来若干，比如，"狼子野心""狼心狗肺""居心何在""别有用心""用心险恶"等。

相反地，李敬业则被神化为豪气干云，美化为一代天骄，满纸虚美夸饰之词：

> 气愤风云，志安社稷。因天下之失望，顺宇内之推心，爰举义旗，以清妖孽。……喑鸣则山岳崩颓，叱咤则风云变色。以此制敌，何敌不摧；以此图功，何功不克！

事实上，李敬业并非这般神武之士，他起兵反武也并非为了匡扶唐室，不过旨在逞一己之私：

> 陈岳论曰：敬业苟能用魏思温之策，直指河、洛，专以匡复为

---

① 鸩：音 zhèn，毒药，这里作动词用。
② 朱东润：《中国历代文学作品选》（中编第一册），上海古籍出版社 2002 年版，第 285 页。
③ 虺蜴：音 huǐyì，毒蛇和蜥蜴。
④ 在对待武则天方面，钱穆也是用黑白抒情式笔法，称之为"武后乱国"（钱穆：《国史大纲》，商务印书馆 1996 年版，第 416 页）。相对而言，《资治通鉴》秉持史家应有的客观，很少用黑白抒情式笔法，其彰显了武则天恶的一面，但也记录了她善的一面："太后虽滥以禄位收天下人心，然不称职者，寻亦黜之，或加刑诛。挟刑赏之柄以驾御天下，政由己出，明察善断，故当时英贤亦竞为之用。"（〔宋〕司马光撰，〔元〕胡三省注：《资治通鉴》，中华书局 2011 年版，第 6593 页）

事，纵军败身戮，亦忠义在焉。而妄希金陵王气，是真为叛逆，不败何待！①

简言之，黑白抒情的词语表达不重在事实而重在情感，以情感观照事实，合乎情感的事实则用之，不合乎情感的事实则弃之，甚或裁剪、捏造事实以为情感所用。为情感所左右，故黑白抒情长于夸大其词、滥情煽情、虚美隐恶。

（三）语言粗鄙、低俗

这一点主要表现在互联网的社交平台上一些网民对他人的肆意谩骂，诉诸对他人尊严的辱没，充斥着语言暴力。"打倒""讨伐""砸烂"等一类军事化用语的借用，杀气腾腾，欲置之死地而后快；"人渣""走狗""牛鬼蛇神""披着羊皮的狼""蛇蝎美人"一类的非人化语言，没有"把对方作为人"的起码尊重。

对语言的粗俗，一些学者给出解释。徐贲认为是因为社会仇恨的积压，"仇恨使人在情绪上失去理智，也在语言上失去把持"②。苏祖祥说，既然泛道德主义和缺乏良好的思想制衡成为常态，"语言的出路越来越逼仄狭隘，朝上三路发展没有出路，那么就只有朝下三路全力发展"③。另外还可能是由现代人精神生活的苍白、灵魂的空虚，导致人的创造力和表达欲只能通过诉诸身体化尤其性器官化的粗俗语言，来寻一个发泄不满和排解坏情绪的安全出口。一言以蔽之，语言是社会文化的载体。

不过，社会学的一个基本观点是，人是社会的产物，同时社会是人的产物。④ 具体到语言的粗俗，尽管从结构的角度来看，社会文化的改变非一朝一夕、非一己之功；但是，从主体能动性的角度来看，每个从事文字工作之人在写作中有意识地摒弃粗俗，也不啻为有助于语言净化的功德之事。

此外，基于性器官的网络流行语，如，"傻×""牛×""苦×""懵×"

---

① 〔宋〕司马光著，〔元〕胡三省注：《资治通鉴》，中华书局2011年版，第6546页。
② 徐贲：《脏话有悖个人荣誉》，《南方周末》2015年5月14日第B15版。
③ 苏祖祥：《为什么今天的汉语越来越猥琐?》，见《语文不是语文书》，东方出版社2017年版，第242页。
④ Peter L. Berger. *Invitation to Sociology*. New York：Anchor Books，1963.

"×丝"等,可谓粗鄙风的当代变种。

(四) 武断

此类说辞没有也不需要逻辑,因为逻辑以遵循概念、判断、推理一类的相关规律为前提,而武断说法不需要证据,不需要推理,直接下结论,而且是定论。

例

这是别有用心的人要利用某某达到不可告人的目的(或:达到其阴暗的目的)。

既云"不可告人",那么请问何从知道。既然无从知道,"目的"云云便成了无本之木,诛心之论而已。

例

我是流氓我怕谁。

耍流氓者无畏,听者颇有"秀才遇见兵,有理讲不清"的颓唐。而这种基于流氓式勇气的武断,往往是网络中人身攻击的利器。

例

彻头彻尾的倒墙派!彻头彻尾的外国走狗!彻头彻尾的民族败类!

从逻辑的角度来看,这种盖棺定论式武断话语是存在硬伤的。首先需要对诸如"倒墙派""外国走狗""民族败类""彻头彻尾"一类的概念进行界定,界定其内涵和外延,而且形成具体的可操作性标准,继而搜集证据进行比对。而现实中,对这类属于主观价值判断范畴的概念,本就见仁见智。那么在难有共识的背景下,肆意而不经论证、也容不得讨论地使用这些概念,已经近于专断了。这样来看,武断到专断其实只有一步之遥。

武断是单凭主观来判断,而逻辑是以尊重证据和尊重概念、判断、推理等思维规律为前提。武断经不起逻辑推敲,或者说,武断本就不需要逻辑,武断恰恰是反逻辑的。

对武断这一有害词语基因的清醒认识,反过来凸显逻辑知识在写作训练中的必要性和重要性。

六、尊重母语，积累自己的词汇

作为一种语言，我们的母语汉语是优美的自不待言，那种优美不仅仅体现在意涵的丰富，也体现于韵律的和谐，吟诵成诗，歌唱成曲，书写成为艺术，甚至那种优美恰如佛理所言，"不可说、不可说，一说就错"。我们素为中国是文明古国而骄傲，汉语言文学无疑是其中重要的组成部分。

为促进文化的交流，语言的翻译固然十分必要，但不得不说，翻译往往会使得我们语言固有的优美有所丧失。比如，诸子百家，唐诗宋词。试问："推敲"怎么能够翻译成英语？稍微对祖国语言熟悉的人都知道，这词语承载的是一个优美的语言故事：

> 传说唐代诗人贾岛骑着驴作诗，得到"鸟宿池边树，僧敲月下门"两句。第二句的"敲"字又想改用"推"字，犹豫不决，就用手做推、敲的样子，无意中碰上了韩愈，向韩愈说明原委。韩愈想了一会儿说，用"敲"字好（见于《苕溪渔隐丛话》卷十九引《刘宾客嘉话录》）。后人就用"推敲"来比喻斟酌字句，反复琢磨。[①]

那么，如何将其翻译成对等的英文？无论意译为 deliberate、think，抑或直译为 push-knock 都会使那种意境和韵味尽失。

而且，母语不仅仅是一种人们交流的工具，也体现了我们对民族文化的认同，是我们行走于世界过程中贴附于我们身上的标签，是我们的精神故乡，是对终极问题"我是谁"的最直白的表达。

为此，我们需要保有对母语的尊重，对母语有"温情与敬意"[②]。这里特地向大家推荐经过毛泽东亲笔修改的《人民日报》1951 年 6 月 6 日社论《正确地使用祖国的语言，为语言的纯洁和健康而斗争》。这篇文章主要列举了三种语言使用不当的情况："故意'创造'一些仅仅一个小圈子里面的人

[①] 中国社会科学院语言研究所词典编辑室编：《现代汉语词典》（第5版），商务印书馆 2009 年版，第 1385 页。

[②] 钱穆：《国史大纲》，商务印书馆 1996 年版，第 1 页。

才能懂得的词";"省略了不能省略的主语、谓语、宾语……使用组织错误的和不合理的句子";"空话连篇、篇幅冗长""交代不明,眉目不清"。① 可以说,这些不当情况在今天仍有存在,并值得我们警醒。

为了正确使用母语,我们需要从积累词汇开始,因为有限的词汇量会对表达造成很大的制约。那么,扩大词汇量的最好方法是什么?多读,尤其多读如"六六"社论所言的那些使用母语的巨匠们的作品:

> 如散文家孟子、庄子、荀子、司马迁、韩愈等,诗人屈原、李白、杜甫、白居易、关汉卿、王实甫等,小说家《水浒传》作者施耐庵、《三国志演义》作者罗贯中、《西游记》作者吴承恩、《儒林外史》作者吴敬梓、《红楼梦》作者曹雪芹等。他们的著作是保存我国历代语言的宝库。②

然后再慢慢地积累和扩大自己能够熟练运用到信手拈来的词汇,久而久之,这些词汇也便成了你的词汇,如夏丏尊、叶圣陶所言:

> 我案上有一部词典,胸中别有一部词汇,每遇一个词,未解的就翻词典,然后编入我胸中的词汇去;每用一个词,必在词汇中周遍考量,把适合的选来用。这就是我近来暗中在做的一种功夫。③

---

① 毛泽东:《毛泽东新闻工作文选》,新华出版社1983年版,第407—410页。
② 毛泽东:《毛泽东新闻工作文选》,新华出版社1983年版,第405—406页。
③ 夏丏尊、叶圣陶:《文心》,生活·读书·新知三联书店2008年版,第160页。

第二章　语词与概念

　　笔者意识到逻辑在写作中的重要性，部分源于生活中的一个小细节。有个朋友发了一条朋友圈动态，内容是二年级小学生写的一篇英文小短文。顷刻间，朋友圈下面好评如潮，有人说："小小年纪就学贯中西。"

　　"学贯中西"运用于一个二年级小学生身上是否合适？到底什么是"学贯中西"？《新华成语词典》是这样解释的：

　　　　通晓中国和西方的学问。形容学问渊博，贯通中外。①

　　那么，什么是"通晓"，什么是"渊博"，什么是"贯通"？《现代汉语词典》的释义分别是：

　　　　通晓：透彻地了解。
　　　　渊博：（学识）深而且广。
　　　　贯通：（学术、思想等方面）全部透彻地了解。②

　　以此观之，以"学贯中西"来形容一个二年级小学生明显欠妥。知情者说，这个二年级小学生的学识的确不错，但到底没有达到学贯中西的地步。一名小学生且不说英文了，连中文水平能有多高都是值得怀疑的，更莫论在这样一个年龄已经"透彻"了解学术、思想了。

　　诸如此类在写作中乱用概念或者概念不明晰的现象并不鲜见。为此，笔者感到本书有必要把逻辑的相关内容包括进来，因为写作与逻辑本就密不可分。

　　不过，这门课到底不是一门逻辑课，所以，我将只摘取逻辑学中与写作关联度大的部分内容进行讲述。

---

　　① 商务印书馆辞书研究中心编：《新华成语词典》，商务印书馆2002年版，第831页。
　　② 中国社会科学院语言研究所词典编辑室编：《现代汉语词典》（第5版），商务印书馆2009年版，第1365、1672、506页。

一、概念和语词的关系

作为思维的起点,概念是思维形式最基本的组成单位,是揭示对象本质属性的一种思维形式。也就是说,概念反映的是一个个或者一类类具体的事物或对象,但概念又不是反映具体事物或对象的表面现象,而是通过对具体事物或对象的抽象与概括,达到对对象本质属性的反映。

比如,"人"就是对张三、李四、王五的本质属性的概括,但"人"并未反映张三的瘦高、李四的近视眼、王五的跛足;再比如,"红"就是对红枣、红旗、红墨水这些具体事物的本质属性进行抽象,从而得出的概念。

概念提出的过程就是一个由具体到抽象的过程,也就是康德所谓"感性到知性"的过程。

概念分为内涵与外延。

概念的内涵,是反映在概念中的事物或现象的本质属性,是在人们的认识中此事物或现象与彼事物或现象在某些属性上的本质区别所在。比如,"人"作为一个概念的内涵就是,"能制造工具并使用工具进行劳动"[1],这样一个为"人"所具有的本质属性就把人与其他动物区分开来了。

概念的外延呢?它反映的是在概念中的对象的范围,就是为概念所指的对象划定边界。比如,"人"的外延就包括古人、今人、中国人、外国人等,但同时也就将猪、狗、牛、羊等排除在外。相反地,"动物"的外延就不但将人包括在内,也将猪、狗、牛、羊囊括进来。

内涵和外延的关系是反比关系,即,内涵越多,外延越小,反之亦然。

例

干部→学生干部→女学生干部→优秀女学生干部

内涵的逐级增加,实际上也就意味着加诸"干部"这一概念的限制性条件增多,通俗地说,就是门槛越来越高,那么自然地,符合条件的"干部"便越来越少,意味着"干部"概念的外延越来越小。

---

[1] 中国社会科学院语言研究所词典编辑室编:《现代汉语词典》(第5版),商务印书馆2009年版,第1144页。

概念是事物在思维中的反映,在思维中被人们认识到。那么,我们要把思维中的概念表达出来,就需要通过各种符号,比如,文字、图像、声音、动作等。(如图2-1)

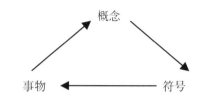

图2-1 事物、概念、符号三者间的关系

不过,具体到写作,概念所借助的符号形式为语词,"语词是概念的语言形式,概念是语词的思想内容"①。同一个概念,在不同民族语言中会显现为不同的语词,比如,"玫瑰花"是我们中文的表达,而英文所用的语词是"rose"。即便在汉语中,同一个概念也可能会用不同的语词表达,比如,"老婆""太太""夫人""妻子"表达的都是婚姻中的女性。相反地,同一个语词也可能表达不同的概念,比如,"媳妇"在我国南方表达的是儿子的妻子,但在北方表达的是自己的妻子;"黄牛"有时指的是黄色的牛,有时指的是那些利用不正当手段抢购商品(如门票、车票)再高价出售的人。

为此,我们要选用正确的语词以准确表达概念,否则,就犯了概念不当的逻辑错误。

例

元宵节的城市灯火<u>阑珊</u>,到处洋溢着节日的喜庆。

作者这里可能有化用辛弃疾的"蓦然回首,那人却在灯火阑珊处"之意,但他并不明了"阑珊"作为概念的具体内涵是什么。"阑珊"是"衰落""将尽"的意思,用在这里明显不当,因为直接与后面的"喜庆"相悖,此处应改为"通明"或"辉煌"。

---

① 金岳霖主编:《形式逻辑》,人民出版社1979年版,第20页。

例

  觅1.60米以上，40岁以下的女子为伴侣，要求容貌端正，温柔善良。地区、职业、<u>婚否</u>不限，带一小孩也可商量。

"婚否不限"就是说，无论结婚的还是没有结婚的，都可以结为伴侣。没有结婚的当然可以与征婚者结为伴侣，但结了婚的怎么能再和征婚者结为伴侣？《中华人民共和国婚姻法》第三条明确规定"禁止重婚"。所以，"婚否不限"的正确表达应该是"离异不限"或"离异亦可"。

二、运用概念的原则

第一，对内涵和外延有正确的把握，使概念明确。
第二，选对准确表达概念的语词。

例

  他在美国出生，根据当地法律，他便拥有了美国国籍。但由于受家庭影响，他有着浓厚的中国情结，以至于长大成人后，他作为一名<u>华侨</u>，经常到珠三角地区投资办厂。

这里混淆了"华侨"和"华裔"的概念。这两个概念都指的是定居在国外的华人，但是，"华侨"具有中国国籍，"华裔"具有外国国籍，不具有中国国籍。而该例子中的"他"拥有美国国籍，所以，不能称他为"华侨"，而应称他为"华裔"。

例

  请您的<u>令爱</u>对这门课的成绩，不要有过高的<u>奢望</u>。

"令爱"作为概念就是"您的女儿"的意思，这样，"您的"在句子中就是多余的，是概念重复，应删掉。"奢望"就是"过高的希望"，已经包含了"过高"的意思，所以，这也是概念重复，应该将"奢望"改为"希望"或"期待"。

例

  李英老太太中年丧夫，膝下无子，<u>鳏寡</u>孤独。

"鳏寡孤独"语出《孟子·梁惠王下》："老而无妻曰鳏，老而无夫曰寡，老而无子曰独，幼而无父曰孤；此四者，天下之穷民而无告者。"① 以此观之，"鳏"不能适用于李老太太，"孤"是否能适用尚未可知。其实，"鳏寡孤独"作为一个概念，用来泛指某一类人，而非实指某一个体，比如"在我们国家，鳏寡孤独之人应该皆有所养"。

例

　　流火夏日，为了回馈粉丝和用户的厚爱，全国兄弟店开启购车超值福利大放送。

　　紫色的刺牙花，在流火的七月，如一支滚烫的情歌在火辣地歌唱。

"流火"常被误用为"炎热"的意思表示，但其内涵恰恰指的是天气变凉，与炎热相反。"流火"一词出自《诗经·豳风·七月》。根据朱东润主编的《中国历代文学作品选》的解释，"七月，夏历七月。……火，东方心星，大火星。流，下。流火，火星渐向西下，是暑退将寒的时候"②。余冠英解释得更具体，"火（古读如毁），或称大火，星名，即心宿。每年夏历五月，黄昏时候，这星当正南方，也就是正中和最高的位置。过了六月就偏西向下了，这就叫作流。"③ 而且，"七月流火"中的"七月"并非指公历的七月，并非指如今的"夏日""七月"一类概念。

例

　　本场比赛经过激烈角逐，最终郭××、吴××、栗××分获冠亚季军，摘得"三甲"。

　　从国内云服务商市场份额来看，阿里云占40%，而华为云、腾讯云两家相差不大，市场份额都是在12%左右。前三甲加在一起的市场份额已经超过6成。

"三甲"这个概念来源于中国古代科举考试制度，"甲"是等级的意思，"三

---

① 〔清〕焦循撰：《孟子正义》，中华书局1987年版，第136页。
② 朱东润主编：《中国历代文学作品选》（上编第一册），上海古籍出版社2002年版，第23页。
③ 余冠英注译：《诗经选》，人民文学出版社1979年版，第154-155页。

甲"就是三个等级，每个等级都有若干人，所以，三甲并不是指前三名。实际上，科举考试前三名统称为"一甲"，分别谓之"状元""榜眼""探花"。① 因此，上面两个例子都是对"三甲"概念的内涵和外延把握不准确而造成的误用。

我们尤其要谨慎使用那些过于抽象的概念，比如，人民、自由、美好等，因为语词越抽象，它的内涵就越模糊，就越容易产生歧义，就越可能带来多重解读，就越需要讲求使用的准确性。因此，在表达和交流中，如果不对这些概念的内涵和外延加以明晰，便无法在共通的意义上来使用这些概念。法国大革命时期玛丽·罗兰临刑前的名言"自由，多少罪恶假汝之名以行"，就是对正确把握概念之重要性的最佳注脚。对此，法国著名学者古斯塔夫·勒庞提醒我们需要警惕此类概念：

> 最不明确的词语，有时反而影响最大。例如像民主、社会主义、平等、自由等等，它们的含义极为模糊，即使一大堆专著也不足以确定它们的所指。然而这区区几个词语的确有着神奇的威力，它们似乎是解决一切问题的灵丹妙药。②

再比如：

> 高收入是否能带来幸福感？
> 在今年的高考中，很多考生获得了巨大的成功。
> 这本书将告诉你如何找到好男人并让他对你不离不弃。

这几个例子中的很多概念都需要明晰其内涵与外延，如："高收入""幸福感""巨大""成功""好男人""不离不弃"。

更重要的是，概念作为知识，本身就是人们通过认识现实所建构起来的产物，③ 这反过来强化了明晰概念的必要性和重要性，尤其那些已经部分地融为常识和惯用语的概念，比如，"迷信""暴徒""良民""小三""脑残粉"，等等。

---

① 何九盈、王宁、董琨主编：《辞源》（第三版），商务印书馆2015年版，第32页。
② ［法］古斯塔夫·勒庞著，冯克利译：《乌合之众》，中央编译出版社2005年版，第83页。
③ Peter L. Berger & Thomas Luckmann. *The Social Construction of Reality*. London & New York：Penguin, 1966.

三、明晰概念的常用方法

已如上述，若概念不明晰，以己昏昏使人昭昭，交流势必难以进行。那么，明晰概念的常用方法是什么？定义（揭示内涵）、划分（揭示外延）。二者都是为了明晰概念的内涵与外延，是概念明晰的具体化。

（一）定义

> 语言的首要用处便在于名词的正确定义，这是科学上的一大收获。语言的首要滥用则在于错误的定义或没有定义。一切虚假或无意义的信条都是从这里来的。①

正如霍布斯所言，现实生活中很多交流之所以无法产生共识，往往正是因为大家使用的是同一个概念，却又不是在同一个定义层面来使用的。为此，定义便变得十分重要了。

定义一般采用"邻近的属概念＋种差"的方法。"种差"就是在属概念中，被定义概念和其他并列种概念相区别的特性。

例如："人"的邻近属概念是"动物"，同时，"人"又因为"理性"而区别于其他动物。为此，"人"便可以定义为"理性的动物"。"民主"的邻近属概念是"权利"，同时，"民主"又因为"参政议政"而区别于其他权利诸如"自由""平等"等。为此，"民主"便可以定义为"人民参政议政的权利"。

在上面的例子中，"人""民主"等内涵等待着被揭示的概念，叫作"被定义项"；"理性的动物""人民参政议政的权利"等用来揭示被定义项内涵的概念，叫作"定义项"。

定义不当有三种情形：

（1）循环定义（同语反复）：定义项直接或间接地包括了被定义项。循环定义无法产生新知，如果读者没有事先理解定义项的意思，那么，他们还是无法完全理解被定义项。因此，循环定义常被认为是定义谬误。

---

① ［英］霍布斯著，黎思复、黎廷弼译：《利维坦》，商务印书馆1986年版，第23页。

例

　　小明：什么是松树？

　　小华：松树就是结出松果的树。

　　小明：什么是松果？

　　小华：松果就是松树结的果。

第一个被定义项"松树"，定义项是"结出松果的树"。但是，什么是"松果"呢？松果就是"松树结的果"。这样，定义项的一部分——"松果"又是运用被定义项"松树"来定义的，这就陷入了循环定义。

例

　　好人就是做好事的人。

　　好事就是好人做的事。

被定义项是"好人"，定义项的一部分是"好事"。但是，当"好事"成为被定义项时，定义项的一部分又回到"好人"，这种循环定义始终未触及无论是"好人"还是"好事"的本质属性——"好"。

例

　　所谓天堂，就是你可以骂它是地狱的地方；所谓地狱，就是你只能说它是天堂的地方。

"天堂"与"地狱"是内涵正好相反的一对概念，先用"地狱"来界定"天堂"，后来又用"天堂"来界定"地狱"，这样就循环了。

（2）否定定义：否定只说明了对象不是什么，不具有某种属性，但是，这并不能明确对象因为不是什么，就必然地是另外一些什么；不具有某种属性，就必然地具有其他种类属性。但是，定义的目的恰恰是说明对象是什么，以及具有什么属性。所以，否定定义并未揭示事物的本质属性。

例

　　一流大学不是二流大学。

这个定义只表示"一流大学"不具有"二流大学"这一属性，但还是没有揭示一流大学的本质属性。

例

    耿直性格就是不圆滑的性格。

这个定义固然从反面说明了"耿直性格"不圆滑，但并未从正面来具体展示耿直的本质。

不过，当有些事物的本质属性正好在于缺乏某种属性时，我们也就可以甚至必须从事物缺乏某种属性方面来揭示其本质属性。这样形成的定义便是否定式定义。

例

    惰性气体是与其他元素不发生任何化合作用的化学元素。
    奇数是不能被2所整除的整数。

（3）比喻定义：比喻作为一种常用的修辞方式，通常形象生动、深入浅出；但是，比喻不能作为定义而存在，否则，就违反了定义应清楚确切的规则。

例

    腐败是社会的毒瘤。
    老师，是人类灵魂的工程师。
    一切反动派都是纸老虎。

（二）划分

定义是为了明晰概念的内涵，划分是为了明晰概念的外延。

划分就是把作为概念外延的大类分成若干小类的逻辑方法。其中，小类被称为"子项"，大类被称为"母项"。划分所依据的标准，被称为"划分标准"。划分有以下四个规则。

（1）相应相称，即子项之和必须等于母项。否则，犯划分不全（子项不穷尽）、多出子项等逻辑错误。

例

    文学作品包括小说、诗歌、散文、美术。

"文学作品"以文字为表达工具，而"美术"（绘画）以色彩、线条为表达工具，所以为"多出子项"。那么，如果将"美术"去掉，即，"文学作品包括小说、诗歌、散文"呢？这又犯了"子项不全"的逻辑错误，因为没有把"戏剧"包括进去。

（2）子项相斥，即子项之间是全异关系，水火不相容。如果子项不相斥而是存在交叉关系，那就犯了子项相容错误。

例

当代大学生最喜欢的职业有医生、教师、公务员、军人等。

这个例子犯了子项相容的错误，因为"医生"和"军人"不是不相容关系，有"军医"这种职业。列举也是一种划分，也需要遵从划分的规则。

（3）标准同一。标准是划分的根据，标准不同一的话，就会犯混淆根据的逻辑错误。

例

学生可分为大学生、中学生、小学生、男生、女生。

"大学生""中学生""小学生"以学习阶段划分，"男生""女生"以性别来划分，这个例子就犯了混淆根据的错误。

（4）子项须在同一级别，否则，会犯越级划分错误。

例

鲁迅的小说集包括《故事新编》《彷徨》《狂人日记》《阿Q正传》《孔乙己》《故乡》《药》……

小说集是小说的集纳，而《狂人日记》《阿Q正传》《孔乙己》《故乡》《药》等均是小说，收录在鲁迅的小说集《呐喊》里。小说集和小说不是同一级别，故该例犯了越级划分的错误。

下面看一个小故事：

米芾巧赞宋徽宗

宋徽宗写得一手好字，常以此询问大臣："我的字怎样？"大臣们无不称赞说："您的字真好，可称天下第一。"

有一次，宋徽宗问大臣米芾："米爱卿，我的字怎样？"米芾是书法名家，书法远胜于徽宗。他如恭维皇帝第一，必然要委屈自己，而且皇帝也知道这是恭维的话；如夸耀自己第一，又必然会使皇帝扫兴。

米芾灵机一动，巧妙地对徽宗说："微臣以为，在皇帝中，您的字天下第一。在大臣中，则微臣的字天下第一。"①

首先，米芾的书法造诣远胜宋徽宗，但同时，米芾与宋徽宗都是人，如果把他俩都放到"人"这个大类进行比较，那么，米芾要么委屈自己，要么扫皇帝的兴。为避免这样的尴尬，米芾巧妙地对"人"这个大类进行了细分，即，分为"皇帝"与"臣子"（"普天之下，莫非王土；率土之滨，莫非王臣"）。然后，在"皇帝"与"臣子"这两个子项内部分别进行书法比较，从而避免了两个子项的正面对决。简单地说，米芾的回答妙就妙在先划分，再评价。

四、集合概念与非集合概念

根据概念所反映的是集合体的整体属性还是个体的特有属性，我们将概念分为集合概念和非集合概念。

（一）集合概念

外延所指向的对象是一个集合体的概念就是集合概念。例如："山脉""树林""书籍""词汇"等就是集合概念。因为山脉是一座座山组合而成的集合体；树林是一棵棵树组合而成的集合体；书籍是由一本本书结合而成的集合体；词汇是一个个语词组合而成的集合体。

集合概念反映的是集合体的整体属性，而这种整体属性不一定为组成它的个体所具有，换言之，它反映的不是个体的特有属性。

例

中国人民是勤劳、勇敢的。

"勤劳""勇敢"是"中国人民"这个集合体所拥有的特有属性，中国

---

① 李衍华：《咬文嚼字的逻辑》（修订版），北京大学出版社2019年版，第48页。

人民由许多个体组成，但并不是说每个作为中国人民的个体都具有中国人民这个集合体的特有属性——"勤劳""勇敢"。

例

> 警察是能吃苦耐劳的。

这里的"警察"就是集合概念，"吃苦耐劳"是这个集合体的特性，它并不必然为组成"警察"这个集合体的每个个体所拥有。

由上可见，集合体不是个体的简单组合，个体组合成集合体以后，集合体便成为一个独立于个体的新的存在，具有新的属性。这有些类似于古斯塔夫·勒庞的"乌合之众"之说。即，每个个体具有鲜明的个性化特征，但是，当众多个体走到一起结合为群体之后，往往就呈现出乌合之众的新特征——盲目、冲动、狂热、轻信。这些新特征未必为组成乌合之众的每个个体所拥有，却势必为乌合之众这个集合体所拥有。

（二）非集合概念

外延所指向的对象是一个类而不是一个集合体的概念就是非集合概念。例如，"岛屿""工人""共产党员""树木""月季"等就是非集合概念。非集合概念具有的属性一定为组成它的个体所具有，换言之，它反映的是个体的特有属性。

值得注意的是，有的语词既可以在集合意义下使用，因而具有集合概念的性质；也可以在一般的"类"的意义下使用，因而具有非集合概念的性质。所以，分析一个概念是集合概念还是非集合概念，要看具体的语境。

例

> 爱美之心人皆有之。（非集合概念）
> 人定胜天。（集合概念）

前者的"人"是非集合概念，因为爱美之心为"人"这一类别中的所有分子所共有，无论你是张三还是李四或是王五。

后者的"人"是集合概念，指的是人力作为集合体能够战胜自然，而非指任何个体的人能具有这种能力。

例

深圳大学学生来自五湖四海。王华是深圳大学学生,所以,王华来自五湖四海。

第一个"深圳大学学生"表达的是集合概念,就是说"来自五湖四海"这个特性为"深圳大学学生"这个集合体而非个体所具有。第二个"深圳大学学生"表达的是非集合概念,即,表示王华属于一类人,"深圳大学学生"这个属性为王华所属这一类人所共有。而结论之所以有谬误,就是因为误用了集合概念。

例

只见树木不见森林。
森林可以分为商品林、公益林。

前者中的"森林"是相对于树木而言的,树木不具有森林的属性,故表达集合概念。后者中"森林"跟"商品林""公益林"是包含关系,"商品林""公益林"均具有"森林"的属性,因此表达非集合概念。

常用的区别方法之一就是在需要做出判断的词语前加上"每一个",如果意思能与原句契合,那就是在类与个体的意义上使用的,即为非集合概念;如果意思不能与原句契合,那就是在集合体意义上使用的,即为集合概念。

例

中国人都是积极向上的。
中国人都是黄皮肤。

第一个例子前面加上"每一个",变成了"每一个中国人都是积极向上的",这显然非原句本义,也不符合现实,这明显是在集合体意义上使用"中国人",为集合概念。第二个例子前面加上"每一个",变成了"每一个中国人都是黄皮肤",这吻合于原句,也符合现实,这是在类的意义上使用"中国人",为非集合概念。

(三) 集合概念的误用

简单地将个体属性和集合体属性混而为一,于是,根据集合体具有某种属性与否,相应地推定集合体中的个体也具有这种属性与否。通俗地说,就是由集合体推个体。这种错误被称为"集合体误用",其违反了同一律,属于一种"偷换概念"。

例

中国人是伟大的;我是中国人,所以,我是伟大的。

前面的"中国人"是集合概念,后面的"中国人"是非集合概念,不能混用。

例

我抱着 5 本有关中国哲学方面的书籍走出图书馆。

"书籍"是集合概念,这里应当使用表达类的非集合概念,即,"书"。

例

你这个文章一直不点题,让我想起一个词汇:博士买驴。据《颜氏家训》载:"博士买驴,书券三纸,未有驴字。"

"词汇"是集合概念,此处应该用非集合概念"词语"或"成语"。我们再来看一个著名的小故事:

1859 年,达尔文花了 20 多年时间写出《物种起源》,不顾教会"上帝创造人"的信条,提出著名的观点:"人是从猿猴进化而来的"。1860 年,英国科学促进协会在牛津开会,赫胥黎也在。会上,牛津大主教威尔伯福斯质问赫胥黎:"赫胥黎先生,既然人是由猿猴变来的。我倒要问问,究竟是你的祖父由猿猴变来的,还是你的祖母由猿猴变来的?"

"人是从猿猴进化而来的"是问题的症结所在。这里面的"人""猿猴"都是集合概念,反映的是物种的进化,而不是指个体的人或者个体的猿猴。而"你的祖父""你的祖母"在这里都是具体的个体的人,是非集合概念。所以,大主教的质问其实是在把集合概念偷换成非集合概念。

第三章　语句与判断

写作与逻辑关系紧密，写作本身是一种思维活动，而逻辑就是以保证思维的清晰与有效为目的的。可以说，逻辑是写作所无法绕过去的知识。为此，从开设这门课伊始，笔者就决心将逻辑作为基础知识，囊括进这门课程里面来。

不过，本课程毕竟不是逻辑课，所以，本书主要摘取跟写作关联性很大的逻辑学基础知识略述一二。例如，上一讲的"语词与概念"，旨在让大家明白，一些人之所以在写作中用词不当，其背后原因是对概念及其使用不甚明晰。类似地，这一讲的主题是"语句与判断"，旨在让大家看到一些语句存在问题的背后原因是在判断方面存在逻辑谬误。大致说来，纪实写作与简单判断关系更密切一些，而公共说理则与复合判断关系更近。

判断是对思维对象有所肯定或否定的一种思维形式。有所肯定或否定，所以，判断就必然有一个真假问题。简言之，有所断定，必有真假。

判断分为简单判断、复合判断。简单判断有性质判断、关系判断等类型，其语言表达形式为单句。复合判断有选言判断、联言判断、假言判断等类型，其语言形式为复合句。

一、语句与判断的关系

与概念和语词的关系类似，语句和判断也有着密切的联系。判断作为一种思维形式，存在于思想之中，那么，将其表达出来就需要通过语句。表达判断的语句，被称为"命题"。

判断是语句的思想内容，语句是判断的表达形式。不过，两者之间并非一一对应关系。

首先，同一判断可以用不同语句来表达。如同概念一样，不同民族语言对同一判断也有不同的表达。比如，"我爱你"和"I love you"，语句虽异，但所表达的却是同一个判断。即使在同一语种里，同一个判断也可以有不同的语句表达形式。

例

任何传染病的流行都是有社会根源的。
没有什么传染病的流行是没有社会根源的。

其次，同一语句也可以表达不同的判断，这大部分源于词义的多样性或者语句本身的歧义。同一语句包含几个歧义判断的情况，在逻辑学中被称为"判断歧义"。

例

我对王瑶的爱慕有充分的心理准备。

这句话在一些情况下可以表示"我爱慕王瑶"，在另一些情况下可以表示"王瑶爱慕我"。

例

他走了，却把他的书留了下来。

"走"既可以表示"离开"，也可以是对"死"的委婉表达；"他的书"既可以表示"他写的书"，也可以表示"他收藏的书"。所以，这一个句子实际上可以表达四种不同的判断：

他离开这里了，却把他自己写的书留在了这里。
他离开这里了，却把他自己收藏的书留在了这里。
他去世了，却把他自己写的书留在了人间。
他去世了，却把他自己收藏的书留在了人间。

例

同学们，今天的作业是，做完 A 卷和 B 卷的填空题。

该句歧义的根源在于"和"这个连词，其连接项到底是"A 卷"和"B 卷"，还是"A 卷"和"B 卷的填空题"？不同连接项会导致不同的判断。

为了避免这种判断歧义，应当在一种确定意义上使用相关概念，对概念的具体所指和使用范围进行明晰。

不过，并非所有的语句都表达判断。一般来说，陈述句表达判断，也就是说，能区分真假。但疑问句、祈使句、感叹句等，就不能用来直接表达判断，因为这些语句并没有断定其思维对象的真假。

例

　　你是深圳大学的学生吗？（并没有对是不是深圳大学学生有所断定）

　　哇，太棒了！（只是心情的表达，目的不在于对事物有所断定）

　　请你走开。（表达的是一种命令，并没有对什么有所断定）

不过，疑问句、祈使句、感叹句在有些情况下还是可以表达一个判断的，不过是间接判断而已。

例

　　约翰，你这个动作做得太完美了！

虽然是感叹句，但还是间接地断定了"这个动作是完美的"。感叹句一般都包含这种间接判断在里面。

例

　　你是深圳大学的学生，难道不知道深圳大学的毕业要求吗？

　　你以为你是深圳大学的学生，就已经很熟悉深圳大学的毕业要求了吗？

疑问句中的反问句都是隐含着判断在里面的，只不过其语句的字面意义和隐含判断的意义恰好相反。比如上面第一个例句是否定的（"不知道"），但隐含判断却是肯定的（"深圳大学的学生知道深圳大学的毕业要求"）；第二个例子语句是肯定的（"很熟悉"），但隐含判断却是否定的（"深圳大学的学生未必就熟悉深大的毕业要求"）。

例

　　严禁不戴口罩乘坐公共交通工具！

这是祈使句，但已经对"不戴口罩乘坐公共交通工具"这一行为进行了否定。

二、简单判断

简单判断包括两类,即性质判断和关系判断。念及跟写作的关系,我们这里将只讲性质判断。

(一) 判断的组成部分

性质判断是断定对象具有或不具有某种性质的判断,也是最基本、最常用的判断形式,其结构包括主项(subject,简称"S")、谓项(predicate,简称"P")、联项和量项四个部分。(如表 3-1)

表 3-1 性质判断的结构

量项	主项	联项	谓项
一切	反动派	都是	纸老虎
(所有)	中国人民	都是	抗击疫情的伟大战士

表示某事物的概念,叫"主项";表示某种性质的概念,叫"谓项"。第一个例子中,"反动派"是主项,断定"反动派"所具有的性质——"纸老虎"这一概念是谓项。第二个例子中,"中国人民"是主项,断定"中国人民"所具有的性质——"抗击疫情的伟大战士"这一概念是谓项。

表示主项和谓项之间联系的概念叫"联项"。按联项(质)的不同,可分为肯定判断、否定判断。肯定判断的联项是"是",否定判断的联项是"不是"。不过,"无不""没有……不"作为双重否定所表示的却是更强烈的肯定,因而属于肯定判断。比如,"没有一个学生不想考出好成绩""学生们无不想考出好成绩",表达的都是"所有学生都想考出好成绩"的肯定判断。在写作中,要避免双重否定运用不当所可能引起的语意混乱。比如"汪老师的课味同嚼蜡,我们班没有一个同学不喜欢上他的课"。念及"味同嚼蜡"的负面意涵,后半句的双重否定"没有……不"显然是误用,因为双重否定是肯定,肯定的是带有正面意涵的"喜欢"。这里由双重否定判断运用不当而造成了前后意涵矛盾。

表示主项数量的概念，叫"量项"。量项对主项进行数量限制，可分为三种。

（1）全称量项，如"所有的""一切""凡""每一个""任何"等，断定的是主项的全部外延。

例

所有人都是会死的。

凡是过往，皆为序章。

（2）特称量项，如"有的""有些"等，没有对主项的全部外延进行断定，而只是对主项外延部分地进行了断定，就是"至少有一个如此"的意思。

例

有些学生喜欢吃冰激凌。

特称量项只断定主项的部分对象具有或不具有某种性质，至于主项的另外一部分对象并没有被断定。也就是说，就主项具有某种性质而言，肯定了一部分，并不是必然地就否定了另一部分。比如上面这个例子，它只是肯定了"有些学生"喜欢吃冰激凌，但并不表示"另一些学生"就必然不喜欢吃冰激凌，"另一些学生"也可能喜欢也可能不喜欢。这样来看，即便所有学生都喜欢吃冰激凌，而我们只是断定"有些学生喜欢吃冰激凌"，也是符合事实的，这个断定仍是一个真判断。

（3）单称量项，如"这个""那个"，表示对主项外延中的某一个特定对象作断定。

例

厦门是美丽的城市。

《呐喊》的作者是浙江人。

按量项的不同，判断可分为单称判断、全称判断、特称判断。一般情况下，单称判断是对某一个对象的断定，就外延来说，也就是对该概念的全部外延作了断定。所以，单称判断可以归为全称判断。另外，对特称判断，需要注意的是，特称判断只是断定主项的一部分，而不涉及主项的具体数量比例，比如，"绝大多数""大部分""少数""百分之八十"，等等。本章有关判断的规则，尤其是特称判断的，不能用来分析涉及具体数量比例的判断。尽管如此，在写作中涉及有关特称判断时，我们还是应该恰当运用这些具体数量比例，以便尽可能准确断定所指称事物或对象应该涵盖的范围。比如，在中国文化中，望子成龙虽然也许不能说是每一位家长的愿望，但至少可以说是绝大多数父母的愿望。那么，倘若我们说"有些父母望子成龙"或者"极少数父母望子成龙"，都不够恰当。

写作中还需要慎重使用全称判断，因为全称判断概括的是某一类别的共同特征，倘若运用不当，就有误将特称判断当作全称判断的风险。通俗地说，这就有把话说满、说绝的风险。任意一个反例就可以使全称判断失真。比如，"我们中国人没有一个不是好样的"，请问能说极少数品行恶劣的中国人也是"好样的"吗？再比如，"所有的鸟儿都会飞"，但鸵鸟就不会飞。反之亦然，就是也不能误将全称判断当作特称判断。比如，"大多数共产党人是无神论者"，就是对特称判断的误用，因为所有共产党人都应该是彻底的无神论者，如果不是无神论者，就一定不是共产党人。所以，这句话应该用全称判断。

（二）周延性

人们根据一个判断中主项（或谓项）的全部外延被断定与否，引入了"周延"的概念，它是就主项（或谓项）的外延数量而言的。如果全部外延被断定了，就是周延的；如果全部外延没有被断定，就是不周延的。

那么，全称判断的主项是周延的，因为它断定了主项的全部外延；特称判断的主项是不周延的，因为它没有断定主项的全部外延。

肯定判断的谓项是不周延的，因为它虽然断定了主项具有谓项的属性，但并没有断定谓项的全部外延，比如："庄子的思想是超越时代的"。这里只是肯定了"庄子的思想"具有谓项"超越时代"的属性，但"超越时代的"的所有思想远不止庄子一人的思想，也就是谓项没有断定所有"超越时代的"思想。所以，谓项是不周延的。

否定判断的谓项是周延的，因为它断定了主项不具有谓项的属性，也就是将主项排除在谓项的全部外延之外。比如，"让他们怨恨去，我也一个都不宽恕"①。这是鲁迅在《死》一文中的一句话，"他们"指的是"我的怨

---

① 鲁迅：《且介亭杂文末编》，人民文学出版社1995年版，第147页。

敌"。就是说,所有我的怨敌都不会是被我宽恕的人。主项"我的怨敌"被排除在了谓项"被我宽恕的人"的全部外延之外。①

这样,性质判断的主谓项周延情况如表3-2所示。

表3-2 性质判断的主谓项周延情况

判断类型（简称）	主项	谓项
全称肯定判断（SAP）	周延	不周延
全称否定判断（SEP）	周延	周延
特称肯定判断（SIP）	不周延	不周延
特称否定判断（SOP）	不周延	周延

注：表中的A、I来自拉丁文中表示肯定的词语affirmo，E、O来自拉丁文中表示否定的词语nego。在逻辑学中，用affirmo的第一个元音字母A表示全称肯定判断，用第二个元音字母I表示特称肯定判断；用nego的第一个元音字母E表示全称否定判断，用第二个元音字母O表示特称否定判断。

（三）四种性质判断的真假

判定性质判断的真假，需要先明确主项和谓项的外延关系。18世纪瑞士数学家欧拉曾用图解方法表示出概念间的五种外延关系，称为"欧拉图解"（如图3-1）。

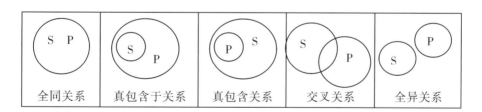

图3-1 欧拉图解

---

① 朱大可认为这句话"对'宽容'做出了严厉的判决——判处它和所有一切与爱相关的伦理死亡。……（鲁迅终于）成为一个纯粹的仇恨主义者"。（朱大可：《流氓的盛宴》，新星出版社2006年版，第153页）

(1) 全同关系就是主谓项外延完全重合。

例

> 纽约是美国第一大城市及第一大港口。

(2) 真包含于关系就是主项全部外延与谓项部分外延重合。

例

> 纽约是一个国际性大都市。

国际性大都市除了纽约,还有伦敦、香港、上海等。

(3) 真包含关系就是主项部分外延与谓项全部外延重合。

例

> 有的城市是国际性大都市。

谓项"国际性大都市"只是主项"城市"外延的一部分。

(4) 交叉关系就是主项的部分外延和谓项的部分外延重合。

例

> 有的国际大都市是首都。

有的国际大都市,比如纽约就不是美国的首都;有的首都,比如澳大利亚首都堪培拉就不是国际大都市。

(5) 全异关系就是主项的外延和谓项的外延完全不重合。

例

> 纽约不是人。

主项"纽约"跟谓项"人"在外延上没有任何相容和重合关系。

欧拉图解和四种判断相结合,便可以用来断定四种性质判断的真假。(如表3-3)

表 3-3 欧拉图解和四种判断结合下命题之真假

主谓项关系	全同关系	真包含于关系	真包含关系	交叉关系	全异关系
全称肯定判断	真 所有的等边三角形都是等角三角形	真 所有的梨子都是水果	假 所有的工人都是矿工	假 所有的案子都是冤假错案	假 所有的鲸都是鱼
全称否定判断	假 所有的等边三角形都不是等角三角形	假 所有的梨子都不是水果	假 所有的工人都不是矿工	假 所有的案子都不是冤假错案	真 所有的鲸都不是鱼
特称肯定判断	真 有的等边三角形是等角三角形	真 有的梨子是水果	真 有的工人是矿工	真 有的案子是冤假错案	假 有的鲸是鱼
特称否定判断	假 有的等边三角形不是等角三角形	假 有的梨子不是水果	真 有的工人不是矿工	真 有的案子不是冤假错案	真 有的鲸不是鱼

例

没有一个商人不想赚钱。

这是双重否定，表达的是肯定，"没有一个"是全称量项，包括了主项"商人"的全部外延，所以，这是全称肯定判断。再就主谓项外延关系而言，主项"商人"和谓项"想赚钱"的外延是交叉关系，因为"想赚钱"的未必就只是"商人"；另一方面，"商人"未必就都想赚钱。那么，由表3-3可知，全称肯定判断主谓项外延交叉时，判断为假。所以，"没有一个商人不想赚钱"为假。

例

有的女生是美女。

就性质而言,这是特称肯定判断。就主谓项外延关系而言,主项"女生"和谓项"美女"的外延是交叉关系。由表3-3可知,该判断为真。

那么,试想一想:"大部分女生是美女"这一特称肯定判断为真还是为假?注意!这个判断是不能确定真假的,因为:

表示特称量项的是"有""有的""有些";还有一些相对意义的特称量词,如"少数""多数""绝大多数""几乎全部"等。在使用这些表示数量的词语时,必须注意是否与实际情况相符,如果与实际情况不符,就会犯"量项不当"的错误。①

三、复合判断

复合判断"就是这样的判断:它包含了其他的判断,并且它的真假决定于它所包含的判断的真假"②,有选言判断、联言判断、假言判断等类型。复合判断所包含的判断是"支判断",常用 P、Q、R③ 等字母表示。以下详述之。

(一)选言判断

选言判断是断定事物若干种可能情况的判断,判断中所包含的可能情况叫"选言支"。

例

他被双规,或者因为挪用公款,或者因为有不正当男女关系。

成功的说理,要么拿出证据,要么符合逻辑。

---

① 李衍华:《咬文嚼字的逻辑》(修订版),北京大学出版社2019年版,第61页。
② 金岳霖主编:《形式逻辑》,人民出版社1979年版。
③ P是"命题"的英文单词 proposition 的首字母。当一个命题包含多个支命题时,就用P后面的字母Q、R等等来表示,以此类推。

选言判断的选言支既然为"若干",那么就意味着不确定。不确定就有可能出现选言支没有穷尽所有可能的情况,尤其可能会遗漏为真的选言支。

例

气质说认为一个人或者是多血质,或者是黏液质,或者是胆汁质。(选言支不穷尽,遗漏"抑郁质")

1. 相容的选言判断

断定事物若干种可能情况中至少有一种情况存在的判断。

例

艺术作品质量不高,既可能因为内容不好,也可能因为形式不好。

小明或爱好吉他,或爱好篮球。

只要有一个选言支为真,相容的选言判断就为真。只有当选言支全部为假时,相容的选言判断才为假。

相容的选言判断的各选言支可以同时为真,所以,我们不可以通过肯定选言前提中一部分选言支为真而推导出其另外的选言支为假。如根据例句"小明或爱好吉他,或爱好篮球",并不能推理说,"小明爱好吉他,所以,小明不爱好篮球",而只能通过否定选言前提中的一部分选言支而在结论中肯定其另外的选言支,即,我们能推理说,"小明不爱好吉他,所以,小明爱好篮球"。

据此,相容的选言推理的规则是肯定一部分选言支,不能否定另一部分选言支;否定一部分选言支,就要肯定另一部分选言支(否定肯定式)。

2. 不相容的选言判断

断定事物若干种可能情况中有而且只有一种情况存在的判断。

例

景阳冈上,武松要么打死老虎,要么被老虎吃掉。

只有一个选言支为真时,不相容的选言判断为真。当选言支全部为假,或者两个以上选言支为真时,不相容的选言判断为假。

不相容的选言判断的各选言支不可以同时为真，所以，我们可以通过肯定一部分选言支为真而推理出其另外的选言支为假。如例句中，我们能推理说，"武松打死了老虎，所以，他不可能被老虎吃掉"。反之，如果我们否定了一部分选言支，那么，我们就需要在结论中肯定另外的选言支，即，我们能推理说，"武松没有被老虎吃掉，所以，他肯定打死老虎了"。

据此，不相容的选言推理的规则是肯定一个选言支，就要否定其余的选言支（肯定否定式）；否定一个选言支以外的选言支，就要肯定未被否定的那个选言支（否定肯定式）。

例

对大宅子，或者拿来，或者徘徊不敢进，或者放火烧掉，或者全盘接受；徘徊不敢进是孱头，放火烧掉是昏蛋，全盘接受是废物；所以，只有拿来。①

这里，鲁迅分别以"孱头""昏蛋""废物"否定了"徘徊不敢进""放火烧掉""全盘接受"等选言支，那么，他就要肯定那个没有被否定的选言支——"拿来"。

例

齐人有女，二人求之，东家子丑而富，西家子好而贫，父母疑②不能决，问其女："定所欲适，难指斥③言者，偏袒④令我知之。"女便两袒，怪问其故，云："欲东家食，西家宿。"此为两袒者也。⑤

这位女子必须在东家子、西家子之间二选一，也就是说，东家子、西家子是不相容的选言支。既然不相容，如肯定了东家子，就必须否定西家子，反之亦然。而该女子"两袒"，就违反了选言推理规则，即，不相容选言判

---

① 鲁迅：《拿来主义》，见《且介亭杂文》，人民文学出版社1995年版，第33页。
② 疑：犹疑。
③ 指斥：指名直呼。
④ 偏袒：袒露手臂。
⑤ 〔东汉〕应劭撰，王利器校注：《风俗通义校注》，中华书局1981年版，第600页。

断的选言支不能同时为真。

（二）联言判断

联言判断是断定几种情况并存的复合判断，组成联言判断的各个判断，叫"联言支"。一个联言判断至少有两个联言支。常用的联结项有"并且""既……又……""不但……而且……""虽然……但是……"等等。

例

> 我既会唱歌又会跳舞。
> 鲁迅是伟大的文学家，也是伟大的思想家。
> 言者无罪，闻者足戒。

联言判断的真假，取决于各个联言支是否都真。只有联言支都为真时，联言判断才为真；只要有一个联言支为假，联言判断就为假。

例

> 是不是认真备课，是讲好一门课的重要保证。

这是一个被压缩了的联言判断，其本身包含了两个选言支，即，"是认真备课"和"不是认真备课"。联言判断只有选言支都为真的时候才为真。而这两个选言支互相矛盾，不能同时为真。所以，该联言判断不成立，为假，应将"是不是"删掉。

（三）假言判断

假言判断是断定一种情况是另一种情况存在的条件的判断。假言判断中，表示条件的支判断被称为"前件"（简称 P），表示结果的支判断被称为"后件"（简称 Q）。

1. 充分条件假言判断

前件（P）是后件（Q）的充分条件的假言判断，如果前件为真，那么后件就为真。其逻辑性质是，有之必然，无之未必不然。

充分条件假言判断存在于不少成语中，比如：

> （如果）名正（就会）言顺
> （如果）水落（就会）石出

（如果）水到（就会）渠成
（如果）瓜熟（就会）蒂落

"名正"是"言顺"的条件，"言顺"是"名正"的结果。水落了，石头必然出现，当然，石头出现了未必就一定水落。流水到的地方就会有水渠，但流水不到的地方未必没有水渠，比如，在太行山悬崖峭壁上，就有一条始建于1960年、历时十年竣工的"人工天河"——红旗渠。"瓜熟"是"蒂落"的条件，当然，瓜不熟，蒂也未必不落。

在充分条件假言判断中，前件和其他可能的条件与后件的关系类似于物理学中的电路并联关系，就是达到任何一个条件都可以"通电"，都可以实现后件。（如图3-2）

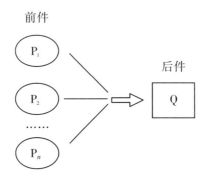

图3-2 充分条件假言判断中前件与后件的关系

也就是说，任何一个前件的存在都可以导致后件的发生。所以，此类判断，前件真，后件必真；前件假，后件可真可假。其规则是肯定前件就要肯定后件，否定后件就要否定前件；否定前件不能否定后件，肯定后件不能肯定前件。

（1）否定前件式：

小王跟小李说："如果明天的讲座没有取消，我就来学校了。"
第二天的讲座取消，但小李发现小王还是去了学校。
小李说小王不诚信，小王说小李的推论不合逻辑。

小李责备小王所依据的充分条件假言判断是：如果明天的讲座没有取消，那么小王就去学校；第二天的讲座取消；所以，小王应该不去学校。

但是，这个判断违反充分条件假言推理的规则，即，否定前件，不能否定后件。据此可知，小李的麻烦在于缺少了一个追问，就是"如果明天的讲座取消了呢？"。

（2）否定后件式：

　　如果迟交作业，就会被扣迟交分；然而，我没有被扣迟交分，可见，我没有迟交作业。

肯定了前件"迟交作业"，便肯定了后件"被扣迟交分"。现在否定了后件（即，"没有被扣迟交分"），也就相应地否定了前件（"迟交作业"）发生的可能性。

（3）肯定后件式：

　　如果是医生，上班就要穿白大褂；他上班穿白大褂，所以他一定是位医生。

根据充分条件假言判断的规则，肯定后件"上班穿白大褂"是不能肯定前件"医生"的。

2. 必要条件假言判断

前件是后件的必要条件，有了前件，才有后件；没有前件，就没有后件。其逻辑性质是，有之未必然，无之必不然。

例

　　只有年满十八周岁，才有选举权。

　　没有天哪有地，没有地哪有家，没有家哪有你，没有你哪有我。

　　若要人不知，除非己莫为。

在必要条件假言判断中，前件和其他必要条件与后件的关系类似于物理中的电路串联关系，就是只有满足了所有必要条件才可以"通电"，才可以实现后件。（如图3–3）

图 3-3　必要条件假言判断中前件与后件的关系（一）

也就是说，具有前件只是具有了实现后件的可能性而已。包括前件在内的所有条件都必须存在，后件才会存在；如果只有前件存在而其他条件并不存在，前件不会导致后件存在。（如图 3-4）

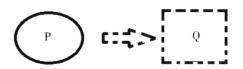

图 3-4　必要条件假言判断中前件与后件的关系（二）

所以，此类判断，前件假，后件必假；前件真，后件可真可假。其规则是否定前件就要否定后件，肯定后件就要肯定前件；肯定前件不能肯定后件，否定后件不能否定前件。

例

　　没有达到法定年龄不能结婚；黎平达到了法定年龄，所以，黎平能结婚。

肯定前件"达到法定年龄"并不能肯定后件"结婚"，比如，假如黎平的结婚对象为近亲呢？或者，结婚对象尚未达到法定年龄呢？所以，该假言推理为假。

例

　　没有达到法定年龄不能结婚；黎平没有结婚，所以，黎平没有达到法定年龄。

否定后件"结婚"并不能否定前件"达到法定年龄"，比如，假如黎平是个独身主义践行者呢？或者，所谈对象不想这么早结婚呢？所以，该假言推理为假。

第四章　写作的基本原则

写作在一定程度上是被作文给败坏了胃口。比如，某市中考作文命题"见证美好"。请问，孩子们一定只能"见证美好"吗？现实中扑入孩子眼帘的并不缺少丑陋，比如，随地吐痰、开车加塞。或者，孩子想"见证"成长、"见证"变迁，也不失为一种好思路。那么，何不就以"见证"为题而一任孩子发挥自己的想象力，何必非要止于"美好"而刻意限制孩子的写作思维？

这种作文实际上是标准答案模式的延伸，就是已经先天地包含了对一些事情的评价和认识，而本来恰恰应该鼓励孩子自己去寻找其证据、探索其意义的。孩子的心灵是一张白纸，可惜，这样一张白纸就这么早地被标准答案星星点点地塞满。

在此类人为拔高的套路指引下，现在的作文越来越成了"作"（zuō）文，首要的不是教孩子们把作文写得文通字顺、真实自然，而是要他们"作"（zuō）得浓情化不开，"作"（zuō）得孩子不像孩子。一位小学五年级老师给学生作文的批语是："传递正能量"。十岁的孩子，能知道什么是正能量？更何况正能量与否也不宜成为衡量写作好坏的标准。否则如张大春所言，"让一代又一代的下一代只能轻鄙少儿时代多么言不由衷或人云亦云"[1]。

为此，我们且把立意、思想、感情这些"高大上"要求搁置一下，回归写作本身，回归真正的写作原则，那就是，简洁、清晰、连贯。

一、简洁

何谓"简洁"？惜墨如金是也，就是鲁迅在《答北斗杂志社问》一文里说的，"竭力将可有可无的字，句，段删去，毫不可惜"[2]。能用一个词讲清

---

[1] 张大春：《自在文章》，广西师范大学出版社2017年版，第20页。
[2] 鲁迅：《二心集》，人民文学出版社1995年版，第172页。

楚的，绝对不要用两个词；能用短句子讲清楚的，绝对不要用长句子；能讲得通俗易懂的，绝对不要晦涩难懂。另外，不必陈述读者可以意会的部分，有时恰恰需要给读者回味乃至想象的空间，所谓"余味无穷"。总之，用尽量少的文字表达尽量多的意思。

比如贾谊的《过秦论》，钱钟书就认为不简洁：

> "席卷天下""包举宇内""囊括四海""并吞八荒"四者一意，任举其二，似已畅足，今乃堆叠成句，词肥义瘠，无异《杨公笔录》所嘲诗句："一个孤僧独自行"、《广笑府》卷一所嘲诗句："关门闭户掩柴扉"。①

怎么做到简洁？我们先讲应该怎么做，再讲不应该怎么做。

（一）应该怎么做

为了简洁，我们在写作中应该努力做到三点。

（1）删减。这特别适用于对文章的修改，大体会经历敝帚自珍、忍痛割爱、毫不足惜三个阶段。凡从事文字工作的人，好不容易把初稿拿出时多少都有些敝帚自珍，甚至有时会有字字珠玑、无一字可更易之感。但是，再美好的文字如果与主题关联性不大，本质上都是孤芳自赏式的赘余，需要"忍痛割爱"。而这种删减以保持文字简洁的做法，日后来看，都是值得，且毫不足惜的。

（2）多用动词。动词因其具体、形象而能增强事物的立体感、场景的画面感、行为的代入感，常有以一当十、以少胜多的效果，给人以想象力。"鸟宿池边树，僧敲月下门"，仅仅十个字就既写出了那种幽静，又打破了那种幽静，全赖动词之功。不过，我国文学作品中，此类运用动词的佳作多如牛毛，这里权且以沈复记录他夫妇俩七夕赏月的文字为例以证之：

> 是夜，月色颇佳，俯视河中，波光如练，轻罗小扇，并坐水窗，仰见飞云过天，变态万状。芸曰："宇宙之大，同此一月，不知今日世间，亦有如我两人之情兴否？"②

---

① 钱钟书：《管锥编》，生活·读书·新知三联书店2007年版，第1432－1433页。
② 〔清〕沈复著，梦窗译注：《浮生六记》，时代文艺出版社2019年版，第24－25页。

区区 72 字 8 个动词，却写尽良夜美景、佳人佳趣。

但这并不是说运用动词就一定能够达致简洁，动词的选择需要贾岛那种"两句三年得，一吟双泪流"的"推敲"工夫，使之准确。换言之，唯有准确，才能继而简洁。为什么？因为准确，才不再需要用更多文字进行补充、点缀，从而以一当十、以少胜多，如柯尔律治评论莎士比亚戏剧时所说："把一个词语抠出来就像从金字塔抠出一块巨石一样困难。"

（3）多用短句子，多分段。一般来说，短句子更简洁、紧凑，有节奏感，更有表现力。其次，多分段也是保持简洁的一种好方法。通常地，一段不宜超过三句话，超过了，就最好分段。一段一个重点，一段一个意思，一段一个角度。否则，容易淹没重点，也容易形成文字的"抗读性"。

例

【新华社长江前线二十二日二时电】英勇的人民解放军二十一日已有大约三十万人渡过长江。渡江战斗于二十日午夜开始，地点在芜湖、安庆之间。国民党反动派经营了三个半月的长江防线，遇着人民解放军好似摧枯拉朽，军无斗志，纷纷溃退。长江风平浪静，我军万船齐放，直取对岸，不到二十四小时，二十万人民解放军即已突破敌阵，占领南岸广大地区，现正向繁昌、铜陵、青阳、荻港、鲁港诸城进击中。人民解放军正以自己的英雄式的战斗，坚决地执行毛主席朱总司令的命令。①

毛泽东执笔的这篇报道就是运用短句子的典范，只用 178 字就完成了这么一个重大事件的报道。

（二）不应该怎么做

那么，为了简洁，我们不应该怎么做呢？一言以蔽之，不应该使用那些该扔进废纸篓里面的词。这些词用得越多，反过来会削弱它们所限定的中心词，效果越小。而且，这些词大都是前人用烂了的，再使用也只会使自己的文字流于俗套。爱用这些该扔进废纸篓里面的词，本质上，首先是因为读得不多、写得较少，训练不够；其次，思维不够清晰，没有抓住要害和重点，

---

① 毛泽东：《毛泽东新闻工作文选》，新华出版社 1983 年版，第 286 页。

从而无法做到简洁、一针见血。

当然，说这些词该扔进废纸篓，是就使用层面而言，绝非恶意贬低这些词本身。作为语言文字的一部分，这些词肯定有其价值，只是其价值由于使用不当或滥用而降低、削弱甚至适得其反。

1. 副词（短语）

副词在句子中的主要作用是充当状语，用来修饰、限制谓语。作家 Zinsser 说得好：

> 绝大多数副词都没有必要。如果你选择了一个动词以表达特定意义，再增加一个传递相同意义的副词，你只会把句子撑满而烦扰读者。……不断出现在粗糙写作中的，强动词却被多余的副词削弱了。[1]

例

飞快地跑着。

"跑"的基本义是"两只脚或四条腿迅速前进"[2]，"飞快"的基本义是"非常迅速"[3]，这里用"飞快"来修饰"跑"，有赘余之嫌。

还有一些副词的运用是使用者自觉或不自觉地先行暗含了自己的价值判断元素，使得动词原本具有的表现力和想象力被消解，动词实际上成为副词的附庸。这限制了动词应有的丰富性和开放性，进而干扰读者的独立判断。

例

幸福地笑了。

胡说。

"笑"是情态，"幸福"是心理，用"幸福"作副词来修饰"笑"，就阻碍了"笑"这个情态表达其他心理的可能。比如，讪笑、苦笑、讥笑、嬉

---

[1] William Zinsser. *On Writing Well.* New York：Harper, 2006，p.68.
[2] 中国社会科学院语言研究所词典编辑室：《现代汉语词典》（第5版），商务印书馆2009年版，第1025页。
[3] 中国社会科学院语言研究所词典编辑室：《现代汉语词典》（第5版），商务印书馆2009年版，第392页。

笑、狞笑、皮笑肉不笑……就都被排除在外了。这样，言者便强行地将"幸福"安在了"笑"这个情态上面。

当然，对具有独立思考能力的人们来说，他（她）并不会因为你在"笑"前面加了一个副词"幸福"，就认同对"笑"的评价——"幸福"；同样地，也并不会因为你在"说"前面加了一个副词"胡（乱地）"，就认同对"说"的内容的评价——"胡乱"。

爱用副词，部分地是缺乏想象力的体现。一个有想象力的人，应该让读者通过其文字展开想象，进而得出自己的结论；而不是没有想象力地偏爱副词，直接把干瘪的结论通过副词强加给读者。你应该只记录"笑"的动作，至于"幸福"与否，靠读者自己去判断，而不是通过加一个副词来实现；你应该只记录"说"的内容，至于"胡乱"与否，靠读者自己去判断，而不是通过加一个副词来实现。

例

> "我一定能考上北大，"琼斯信心百倍地说。

这句话的问题或者说风险就在于副词的运用。作者先入为主地限定了"我一定能考上北大"的应有意义，即，显现的是琼斯的信心。也就是说，本来是一个开放的意义系统，却由于副词的运用而被闭合了，实际上也就闭合了读者在理解"我一定能考上北大"这句话方面应有的想象，比如，这可能不是琼斯信心的展示，而恰恰是绝望的表达，或者纯粹是戏谑。在现实中，心口不一、口是心非、知行分离并不鲜见。

2. 形容词（短语）

应避免使用修饰性形容词，尤其那种主观的和带感情色彩的词语，正如夏丏尊、叶圣陶所说：

> "美丽呀""悲痛呀""有趣呀""可恨呀"……都是空洞的形容，对于别人没有什么感染力。必须把怎样美丽、怎样悲痛、怎样有趣、怎样可恨用真实的印象描写出来，人家才会感到美丽、悲痛、有趣和可恨。[1]

---

[1] 夏丏尊、叶圣陶：《文心》，生活·读书·新知三联书店2008年版，第85-86页。

这类形容词还有很多，例如：丧心病狂的，十恶不赦的，煽动性的；放肆的，恶毒的；狡猾的，奸诈的；威武不屈的，英勇无畏的；皆大欢喜的，欣喜若狂的，辉煌的……

同样地，修饰性形容词短语也应该尽量避免使用，比如：花招，伎俩，老调重弹，陈词滥调……

无论是这些形容词还是短语，它们本身没有错，错在我们在日常语言运用中把它们误用或滥用惯了，错在使用它们的人。

别小看了此类修饰性形容词对语言的危害，语言久而久之是会影响思维的：

> 并非所有的词语和套话都有唤起形象的力量，有些词语在一段时间里有这种力量，但在使用过程中也会失去它，不会再让头脑产生任何反应。这时它们就变成了空话，其主要作用是让使用者免去思考的义务。①

为此，要少用或不用修饰性形容词，同时应强化被形容词所修饰的名词：

> 你与其说"他是一个残酷无情的男人"，不如干脆说"他是一个暴君"；你与其说"她是一个善良的、仁慈的女人"，不如干脆说"她是一个活菩萨"；你与其说"这是一场一泄如注的雨"，不如干脆说"这是一场暴雨"。②

另外，如同副词一样，如果你已经选择了一个表达特定意义的名词，却再添加一个表达同样意义的形容词，则反过来削弱和冲淡了名词的表达效果。

例

残忍的谋杀案

---

① ［法］古斯塔夫·勒庞著，冯克利译：《乌合之众》，中央编译出版社2005年版，第83-84页。

② ［美］诺亚·卢克曼著，王著定译：《写好前五页》，中国人民大学出版社2013年版，第16页。

"谋杀案"不但"杀"且"谋",就已经包含了"残忍"的意义在其中,所以,"残忍"置于定语位置,纯属赘余,应删除。

例

免费的赠品不要白不要

赠品本就是无代价地送出的物品,当然是"免费"的。

例

过去的记忆难忘怀

记忆本就是脑子里对过去事情的印象,当然是"过去"的。

例

确凿的事实面前,你还想赖?

事实指事情的真实情况,确凿是"非常真实可靠"的意思,用"确凿"来修饰"事实"纯属多余。

不过,限制性形容词,诸如:圆的,白的,远的,长的,小的,沉默的……应该正常使用,而没有回避的必要。

(三)繁简相宜

对于简洁,也不能片面理解为越简越好。为此,顾炎武忠告:"辞主乎达,不论其繁与简也……《史记》之繁处,必胜于《汉书》之简处。《新唐书》之简也,不简于事,而简于文,其所以病也。"[1]

顾炎武又举了孟子的一篇文章为例:

齐人有一妻一妾而处室者,其良人出则必餍[2]酒肉而后反。其妻问所与饮食者,则尽富贵也。其妻告其妾曰:"良人出,则必餍酒肉而后反,问其与饮食者,尽富贵也,而未尝有显者来。吾将

---

[1] 〔清〕顾炎武著,陈垣校注:《日知录校注》,安徽大学出版社2009年版,第1063页。

[2] 餍:音 yàn,吃饱。

瞯①良人之所之也。"蚤②起，施③从良人之所之，遍国中无与立谈者。卒之东郭墦④间，之祭者乞其余，不足，又顾而之他。此其为餍足之道也。⑤

孟子这段文字把那些以枉曲之道追求富贵之徒刻画得生动、幽默。但是到了欧阳修、宋祁等合撰的《新唐书》中，这段文字被简化为"其妻疑而瞯⑥之"⑦。

对此，曾师从司马光的北宋名臣刘安世认为：

《新唐书》叙事，好简略其辞，故其事多郁而不明，此作史之病也。且文章岂有繁简邪？昔人之论谓如风行水上，自然成文；若不出于自然，而有意于繁简，则失之矣。⑧

一言蔽之，简洁当然重要，但简洁到底是服务于清晰、达意、传神。若一味追求简洁而伤及清晰、达意、传神，确非简洁之正道。

二、清晰

写作的目的是表达，表达是一个把我们的思想观念（所见所闻、所思所感）用语言文字再现出来的过程。而要有效地表达思想观念，就需要语言文字准确，也就是准确地表达我们的所见所闻、所思所感。而就写作来说，准确与否很大程度上就是清晰与否的问题。

不过，我们要认识到，在思想观念和语言文字之间做到清晰、准确地"转化"，几乎是不可能的。杨小刚说：

---

① 瞯：音 kàn，望。
② 蚤：通"早"。
③ 施：古"斜"字。
④ 墦音：fán，坟墓。
⑤ 〔清〕焦循：《孟子正义》，中华书局1987年版，第605－606页。
⑥ 瞯：音 jiàn，窥视。
⑦ 转引自〔清〕顾炎武著，陈垣校注：《日知录校注》，安徽大学出版社2009年版，第1064页。
⑧ 转引自〔清〕顾炎武著，陈垣校注：《日知录校注》，安徽大学出版社2009年版，第1064页。

所有被叫作疼痛的感觉都不一样，所有被叫作死的过程都不一样。我们尝试表达，但每一种表达都言不及义；我们试图理解，可每一次理解都撞上不可逾越的高墙。①

这正是源于语言文字本身的局限性。

（一）语言文字的局限性

1. 语言是静态的，现实是动态的

哲学上一个基本观点就是，运动是无条件的、绝对的和永恒的，静止是有条件的、相对的和暂时的。类似于此，语言和现实的关系也是相对的动静关系。现实处于变动不居的状态，是一个动态的过程，正如古希腊哲学家赫拉克利特所言："一个人不可能两次踏入同一条河流。"而语言文字却是静态的，但又承担着描摹现实的使命，这也就决定了任何语言文字所记录的永远只是动态现实的一个横切面，至多不过是忠实于此时此地的当下之态而已。当我们使用语言文字开始记录现实、再现观念时，现实就已经在发生新的变化了，这就是一个射击正在移动中的靶子的游戏。

我们每个人应该都有过喜悦、难过、仇恨的时候，或喜极而泣，或悲到心如刀绞，或恨到咬牙切齿，但是，等我们开始记录，悲喜恨的状态、程度、氛围就已经开始发生变化。而再假以时日、时过境迁，假设我们再回头看记录的文字，当时情景与心情或许会被唤回而恍如隔世，但也更有可能因为时光不再而讶然于当初喜之深、悲之痛、恨之切。所谓时间能冲淡一切，全因现实的动态。无论如何，被记录的那一页是翻过去了，但那一片动态现实的横断面也就停留在了静态的文字里。这样来看，静态的语言固然是记录动态现实的局限，但何尝不也因为使得动态成为永恒的静态而可以看作是它的一种魅力呢？当然，魅力成为可能的前提是，语言使用的清晰与准确。

2. 语言是有限的，现实是无限的

语言的有限性决定了你不可能把无限的现实说得准确、清晰、面面俱到、十分完整。

---

① 杨小刚：《理解他人的可能与不可能》，见［奥地利］让·埃默里著，杨小刚译：《变老的哲学：反抗与放弃》，鹭江出版社2018年版，第Ⅶ页。

比如，有时对下面这一堆水果中的任何一个都叫作"橘子"，但其实你从这一堆水果中随机拿出任何两个来，它们都不是完全相同的。（如图4-1）

图4-1 没有完全相同的两个橘子

比如，遇到小区停车位紧张，你常常需要使出浑身解数才能在某个旮旯里找到位置停车。而当家人需要用车时，往往费尽口舌仍难以道明位置所在，徒生无名火。

再比如，"无以言表""妙不可言""只可意会不可言传""苦不堪言""不可言喻"云云，均是语言有限性的体现。

对此，钱钟书曾有精辟的论述：

> 立言之人句斟字酌、慎择精研，而受言之人往往不获尽解，且易曲解而滋误解。"常恨言语浅，不如人意深"（刘禹锡《视刀环歌》），岂独男女之情而已哉？"解人难索"，"余欲无言"，叹息弥襟，良非无故。语文之于心志，为之役而亦为之累焉。[①]

> 词章之士以语文为专门本分，托命安身，而叹恨其不足以宣心写妙者，又比比焉。陆机《文赋》曰："恒患意不称物，文不逮意"；陶潜《饮酒》曰："此中有真意，欲辨已忘言"；《文心雕龙·神思》曰："思表纤旨，文外曲致，言所不追，笔固知止"；黄庭坚《品令》曰："口不能言，心下快活自省"。[②]

---

① 钱钟书：《管锥编》，生活·读书·新知三联书店2007年版，第635-636页。
② 钱钟书：《管锥编》，生活·读书·新知三联书店2007年版，第637页。

但是，对语言有限性的认识不是让我们放弃对无限现实的记录，而是让我们在语言选择方面保持审慎，以便尽可能准确、清晰地描摹现实。对这一点，福楼拜说："无论你要讲的是什么，真正适用的动词、形容词只有一个，就是那个最准确的一个动词或形容词，其他类似的却很多。而你必须把这唯一的动词或形容词找出来。"这种写作态度既是对无限现实的善待，也是对有限语言的敬畏。

3. 语言是抽象的，现实是具体的

本书在第一章"词语的多义性"中讲过，任何现实事物本来都作为客观实体存在于人们认识之外，后来，它们通过感性、知性和理性转而存在于我们头脑中形成认识与观念，继而再借助于语言表达出来。在这种"转化"过程中，具体事物完成了向抽象语言的转变，从而使得交流成为可能。

不过，这既显现了语言的重要性，其实也显现了语言的局限性，那就是，语言必须是对现实（事物）某一特性或某一类别的概括，必须忽略千姿百态的个体差异，它本质上就是抽象的。相反地，语言所指涉的对象却是活生生的现实，是看得见、摸得着的具体事物，表现为每个具独特性的个体。抽象的语言被用来记录具体的现实时，它注定是简化的、省略的，甚至是苍白的，这是语言固有的"尴尬"。

比如，面对"苹果"这一语词，不同的人可能会产生不同的具体意象。（如图4-2）

图4-2 "苹果"的不同意象

结合前文讲过的抽象词与具象词,语言的抽象性特点其实也是在反过来提醒我们:尽量使用具象词,少用抽象词;尽量使用语义明确的语言和文字,减少语义含混的语言和文字。

当然,认识语言文字的局限性是清晰表达的前提,而绝非清晰表达的全部。

(二) 清晰的基本方法

从语法角度说,一个句子的主干成分是什么?是主语、谓语、宾语。那么,清晰的基本方法就是,让一个句子的主角和主要动作①占领主干成分;主要角色与主语配对,主要动作与谓语配对②,类似于现实中的把重要人物安排在重要岗位上。

例

对《资治通鉴》的研究显示了这些证据的力量。

我们研究了《资治通鉴》,发现了这些证据。

上面这两个句子意思一样,但是清晰程度并不一样。我们来具体分析一下。就这两个句子所反映的事件而言,"主角"是谁?很显然,是"我们""《资治通鉴》""证据";主要动作是什么?是"研究"和"发现"。然而值得注意的是,这两个句子的主干成分却迥异,如表4-1所示。

表4-1 两个句子的成分分析

序号	主语	谓语	宾语
1	研究	显示	力量
2	我们	研究	《资治通鉴》
	—	发现	证据

---

① "动作"一词此处使用的是其广义,即,不光指物理运动的过程,也可以指思考、想等精神过程。

② Joseph M. Williams. *Style*: *Toward Clarity and Grace*. Chicago and London: The University of Chicago Press, 1990, p. 21.

第一个句子中的主语是"研究",当然的主角"《资治通鉴》"成了"研究"的修饰成分,成了配角;谓语是"显示",是静态的,并非本事件的主要动作,本事件的主要动作"研究"被抽象化为名词;宾语是"力量",主角之一"证据"成了"力量"的修饰语,也变成了配角;另外一个主角"我们"缺失。

再看第二个句子,主语是"我们",宾语一是"《资治通鉴》",宾语二是"证据",占据的均是句子的主干成分,而且,三个主角齐上阵。再看谓语,分别是"研究"和"发现",与该事件的主要行为动作重合。

例

对疫情传播过程的了解导致对病原体的发现。

我们了解了疫情传播过程,进而发现病原体。

这两个句子的主角是"我们""疫情传播过程""病原体",但是,这三者在第一个句子均被置于修饰者的角色,在第二个句子才占据了主干成分。主要动作"了解"在第一个句子中被名词化了,"名词化的形容词和动词是抽象的(所以有人称之为抽象名词),就是说,还是泛指那种状态或事情……用形容词和动词来指具体的事物,那就比较别致些"[①]。第二个句子则是将主要动作对应地当作了谓语。这也从另一方面提醒我们,最好用动词来表示动作,而不要用名词来表示动作。

例

是否通关的决定是由总统一级的领导做出的。

总统决定是否通关。

主角"总统""通关"在第一个句子中都成了配角。而且我们将第一个句子简化一下即可发现问题所在:"决定是领导做出的"。这句话非常宽泛,类似于我们平常讥笑的"正确的废话",没有能够清晰地传达作者的要旨。第二个句子则把主要角色和动作都安排在了主干成分,不但清晰,而且简洁、明了。

[①] 吕叔湘:《中国文法要略》,商务印书馆2014年版,第33-34页。

例

> 疫情知识的缺乏，使我们做不了开不开学的决定。
> 我们不了解疫情，决定不了开不开学。

这两个句子的区别同样是角色、动作与句子的主干成分相宜与否。不过，如果我们进一步分析就能发现，两个句子的区别很大程度上是主语的区别，第一个句子是话题做主语，第二个句子是人物做主语。其他例子也类似。基于此，我们在写作中要尽量让人物做主语，而不是让话题做主语。

（三）三个思考路径

如何做到清晰？大体可以通过三个思考路径得之。一是宏观层面的立意清晰，二是中观层面的结构清晰，三是微观层面的语义清晰。这既是我们在写作中需要牢记在心的，同时，也是衡量一篇文字是否清晰的具体标准。

1. 立意清晰

首先笔者想漾开去，接着本章开头谈及的作文与写作之别说起。一定意义上，一个人的写作从大学开始，正如一个人的作文从小学开始一样。跨进大学的殿堂，你在写作话题上便进入了自由的境界，就是真诚地发出自己声音的境界，就是做自我的境界。你不再会为那些观点先行的作文所囿，比如，见证美好；比如，论鸡生蛋的伟大意义。

话题自由与立意清晰颇有关联性。写一篇不是发自内心的命题作文，不是说就注定在立意层面不清晰，而是说的确加大了这方面的风险。所以，写作一定是自己对某个话题感兴趣，在这个话题上有话可说，甚至到了憋得难受不吐不快的地步。那么，这个话题就是立意之始。简单地说就是，我写这个东西到底想告诉人们什么？我到底想写给谁看？我准备怎么来写？这就是立意。

王夫之说："无论诗歌与长行文字，俱以意为主。意犹帅也，无帅之兵谓之乌合。"[①] 杜牧说："凡为文以意为主，……意全胜者，辞愈朴而文愈

[①] 〔清〕王夫之著，戴鸿森笺注：《姜斋诗话笺注》，上海古籍出版社2012年版，第45页。

高；意不胜者，辞愈华而文愈鄙。"① 立意的重要性可见一斑。

不过，相对于人们常说的立意高远，清晰显得更为重要。除非言之有物，否则，那些空洞造作、人为拔高的高远不要也罢。就写作而言，立意还是踏踏实实地从清晰起步为好。

2. 结构清晰

结构就是布局谋篇，怎么样使得材料有机地组合在一起，形成有机的整体，也就是下一节要说的"连贯"。所以，留待下一节详论。

3. 语义清晰

语义清晰可以说是写作的底线要求，要做到这点，除了依靠平时大量的文学作品阅读，别无他途。不过，阅读文学作品需要持之以恒，沉浸其中，把自己"埋"进去，与书中人物同喜同悲同呼吸。至于所积累词汇日增以及写作能力提高，只是阅读的伴随产品罢了。倘若抱着功利的心态，以为读完某些作品就得道了，此大谬矣。阅读文学作品是必有回报的，功不唐捐，只不过不是立竿见影，不是看得见摸得着的，其得道的过程是一个润物细无声的过程，不知不觉中潜入你的思维，沉于你的笔端。

写作的人都应该案头备有三本工具书：《新华字典》《现代汉语词典》《中华成语词典》，养成勤查字词典的好习惯。一些人以此为迂腐，认为各类电子词典足矣。但是，电子词典需要提防部分粗制滥造的可能性，正如文学作品也需要选好的版本一样。

对照字典，熟练掌握基本义；扩大阅读，不断积累隐含义。我们只有积累词汇到一定的量，才可能在任何语境下灵活运用词汇以清晰表达。

（三）清晰的优先性

相对于简洁、连贯，清晰具有优先性。

在简洁和清晰之间，清晰更重要。甚至为了清晰，写作者宁可多费点笔墨，也不能让读者感到语义不清，模棱两可。正是在这个意义上，顾炎武强调："辞主乎达，不论其繁与简也。"②

---

① 〔唐〕杜牧：《樊川文集》，上海古籍出版社 1978 年版，第 194－195 页。
② 〔清〕顾炎武著，陈垣校注：《日知录校注》，安徽大学出版社 2009 年版，第 1063 页。

在连贯和清晰之间,清晰是基础也是要旨。一方面,单个语词、句子的语义不清晰,文章不可能连贯,这里论及的是语义清晰;另一方面,句子与句子、段落与段落不连贯,文章又不可能清晰,这里论及的是立意清晰。也就是说,语义清晰从微观方面服务于连贯,连贯从宏观方面服务于立意清晰。

三、连贯

连贯,就是让文章各部分有机地黏合在一起,相互贯通,环环相扣,逻辑清晰,使内容像水一样自然地流动。刘安世说得好:"如风行水上,自然成文。"①

打个比方,就像做菜一样,土豆、肉丝、排骨、鱼、番茄、牛肉、香芋、蘑菇……这些原材料摆在那里,相互之间没有任何联系。那么,做菜呢?就是将这些原材料进行组合,从而烹饪出不同的菜;对一桌酒席来说,不同的菜之间也需要讲求组合,比如,有荤有素,凉热合理,色彩相宜,就是在对菜品进行组合,以传达酒席的理念。

类似地,在写作中,面对眼前的一堆素材,我们若不对这些素材进行排列组合,它们就等同于一盘散沙,是不连贯的,是没有魂的。素材还是那些素材,但如果我们对它们进行排列、组合、取舍,使其相互搭配、相互连接、相映成趣,这就实现了连贯,素材继而变得有序、有魂。而这些素材的不同排列方式,就会形成不同的序列、不同的灵魂,从而服务于不同的主题、不同的目的。当然,如果已经将素材排列、组合、取舍了,但是并没有让其排列、组合、取舍得当,那么,它们也会近似于一盘散沙,或者说,杂乱无章、不知所云。

为了叙述的方便,本节将连贯一分为二,即,微观连贯与宏观连贯。

(一)微观连贯

微观连贯是句子一类细节层面的连贯。就细节层面的连贯而言,段落内

---

① 转引自〔清〕顾炎武著,陈垣校注:《日知录校注》,安徽大学出版社 2009 年版,第 1064 页。

部,句子与句子咬合在一起,按照一定逻辑往前发展和推进;段落之间,首句承上,主要以关键词或指示代词等形式承接上一段的内容,同时末句启下,将最新进展、最出人意料、最重要的内容置于末尾。一头一尾,在连贯中扮演着尤为重要的角色。

例

　　……我就是这样度过这一天的。我一心等待着,等待着……热带癫狂症患者就是这样的,干什么都是毫无意义,像一头畜生,混混沌沌的,带着一股子疯狂的、不拐弯的顽固劲头。
　　我不再向您描绘这几小时的情形了……这是无法描绘的……突然响起了敲门的声音……我跳了起来……像饿虎扑食似的跳了起来,一步跳过去打开了门……门外一个中国小男孩怯生生地递给我一张叠着的字条。当我贪婪地把字条从他手里夺过来时,他立即就走开了。
　　我打开字条……①

上述引文就是一个微观连贯的典型例子。第一段的首句"这样"作为指示代词本就是承接上文,末句以"畜生"的比喻将心境描写推向高潮。第二段首句"这几小时的情形"是对上面文字的概括,同时又以"这是无法描绘的"过渡到后面的新进展——敲门声,末句又是一个新的高潮——夺字条。第三段继续以上一段的关键词"字条"来承接上文,并过渡到下文——字条的内容。句子之间、段落之间咬合得很紧,不但实现了结构上的连贯,而且也保持了事件起伏的连贯,实现形的连贯与神的连贯二者和谐统一。

上例是段落话题按照事件发展顺序自然连贯下来的,那如果遇到段落话题不同乃至相反的情况呢?我们就需要通过适当转折来实现连贯。

例

　　后来孩子是多起来了,磨折也磨折得久了,少年的锋棱渐渐地钝起来了;加以增长的年岁增长了理性的裁制力,我能够忍耐

---

① 〔奥地利〕斯蒂芬·茨威格著,高中甫、韩耀成译:《热带癫狂症患者》,见《一个女人一生中的二十四小时》,上海文艺出版社2015年版,第138页。

了——觉得从前真是一个"不成材的父亲",如我给另一个朋友信里所说。但我的孩子们在幼小时,确比别人的特别不安静,我至今还觉如此。我想这大约还是由于我们抚育不得法;从前只一味地责备孩子,让他们代我们负起责任,却未免是可耻的残酷了!

　　正面意义的"幸福",其实也未尝没有。正如谁所说,小的总是可爱,孩子们的小模样,小心眼儿,确有些教人舍不得的。阿毛现在五个月了,你用手指去拨弄她的下巴,或向她做趣脸,她便会张开没牙的嘴格格地笑,笑得像一朵正开的花。①

第一段的话题是孩子的不安静和自己的不得法,是"抑";第二段的话题则是"幸福",是"扬"。这种内容与情味的转折就通过第二段第一句"正面意义的'幸福',其实也未尝没有"来实现。

不过,一篇文字的最开头怎么办?这里无内容可承。其实,原理一样。前文说过,承上是承接前面的内容,是读者已经熟悉的部分。那么,一篇文字的最开头,就需要"承接"读者熟悉的生活、常识或道理。

例

　　4 平方米有多大?它相当于一张大号双人床的面积,还差一点点才能装下一整张乒乓球桌,勉强能够容下 4 个并排躺着的成年人。

　　在一幢别墅里,4 平方米可以安置一个大浴缸,或者辟一间小储物室;而在 100 多平方米的大房子里,它差不多是一间厕所。

　　但有时,4 平方米也可以承载一个完整的家:住进一对夫妇,一家三口,甚至一家四口。②

报道《四平米的家》就是以大家都熟悉的"4 平方米"开头,而且作者设法将"4 平方米"形象化为我们能想象的,也是我们熟悉的日常生活场景。然后笔锋一转,以"但"转往去写在我们日常想象之外的新内容。

---

　　① 朱自清:《儿女》,见朱自清著,梁仁选编:《朱自清散文》,浙江文艺出版社 1999 年版,第 77 页。
　　② 陈倩儿、庄庆鸿、谢宛霏:《四平米的家》,《中国青年报》2012 年 12 月 5 日第 12 版。

所以，开头总是以人们熟悉的内容或知识打头，再由人们熟悉的转往人们所不熟悉从而想知道的，以旧带新，形成熟悉到不熟悉内容之间的连接与贯通，也就是连贯。

不过，像上述这样以"但是""不过"一类的逻辑连接词进行转折，也是一种实现连贯的手段。当然，此类逻辑连接词还有很多，比如"所以""因此""结果""然后""后来""当然""只是""于是""此外""至于"等。

（二）宏观连贯

宏观连贯是说篇章结构一类宏观层面的连贯。篇章的连贯是通过结构实现的。结构与连贯二者的关系是，连贯是结构的目的，结构是连贯的手段。

写作像建房子一样，需要有结构意识。建房子首先需要明白建房子的目的何在：是自住呢，还是出租。然后，根据目的规划，比如，楼层多高为宜，要不要吊顶，客厅建在哪里，卧室建在哪里，电视摆在什么地方，书架放在客厅还是书房。只有先在心中有一个房子的框架，然后才能保证房屋建成后各部分既相对独立，又浑然一体，保持连贯性。

写作亦然。写作要先明白，我想表达什么，对谁表达，即文章的主题。主题清晰了，再根据主题规划段落的话题（即，文章的要点），并大致安排先说什么，后说什么，或以时间为序、或以空间为序，或倒叙、或插叙，或由点及面、或由面及点，或并列、或递进，或先写这个话题、后写那个话题，或将有些话题合并、或将有些话题删除。总之，就是怎么把要点分解到各部分去，前后左右如何谋篇布局，使得文章从形式上讲有一条清晰的组织逻辑线，言之有序；从内容上讲，既明晰要点，又让这些要点构成相互联系的网络，组成一个整体性的框架结构，始终从不同角度服务于主题，不偏离主题。

不过，结构本身无固定模式可言，文无定法，怎么有利于凸显主题，就怎么安排话题，就怎么组织材料。但连贯原则值得牢记，万变不离其宗。

无论结构怎么安排，连贯原则都要求一段之内，句子与句子咬合在一起，连句成段，每一段落有其话题；一篇之内，段落与段落咬合在一起，连段成篇，每一篇章有其主题。具体来说，各段落话题都聚焦于文章主题，围绕主题展开，保持各段落话题的一致性，成为服务于主题的话题系列。当然，这不是说各段落话题都要是同一的，恰恰相反，各段落都要围绕主题有所变化、发展和丰富，错落有致地簇拥于主题之下。

例

> 关于高加林和刘巧珍的谣言立刻在全村传播开来了。
>
> 他们的坏名声首先是从庄里几个黑夜出去偷西瓜的小学生那里露出来的。他们说有一晚上，他们看见以前的高老师在村外打麦场的麦秸垛后面，正和后村的巧珍抱在一块亲嘴哩。又有人证实，他看见他俩在一个晚上，一块躺在前川道高粱地里……
>
> 谣言经过众人嘴巴的加工，变得越来越恶毒。有人说巧珍的肚子已经大了；而又有的人说，她实际上已经刮了一个孩子，并且连刮孩子的时间和地点都编得有眉有眼。
>
> 风声终于传到了刘立本耳朵里。戴白瓜壳帽的"二能人"气得鼻子口里三股冒气！这天午饭时分，他不由分说，先把败坏了门风的女儿在自家灶火圪崂里打了一顿，然后气冲冲地去找前村的高玉德。①

这一部分的主题是什么？"谣言"。我们再来看每段第一句的关键词，依次是"谣言""坏名声""谣言""风声"，都包含了主题成分。但是，这四段的第一句讲述的又是不同的话题："在全村传播开来了""从……小学生那里露出来的""众人嘴巴的加工""传到了刘立本耳朵里"。也就是说，这四段围绕的是同一个主题，但讲述的是不同的话题，把主题往纵深处推进。同时，如果我们急需了解事件梗概的话，那么，只看这四段的首句足矣，它们相当于编织了一个围绕主题的连贯话语网络。至于每一段首句后面的内容，都是对首句的具体化、拓展或者延伸。简言之，主题统帅话题，话题句（即段落第一句）导入话题、统帅全段。

一般地，一段只写一个话题。如果感到某段有出现一个以上话题的苗头或念头时，你最好分段，开始写下一段了。

在话题和主题方面，宏观连贯常见的错误有二：话题很少，不过是一两个话题的来回重复，没有新话题加入；主题分散、不集中，东一榔头西一棒。

---

① 路遥：《人生》，十月文艺出版社 2012 年版，第 76 页。

※　　　　※　　　　※

最后，笔者以夏丏尊、叶圣陶的一段话为本部分作结，因其简明扼要地道尽连贯的真谛：

> 组织文章的原则只有三项，便是"秩序、联络、统一"。把所有的材料排列成适宜的次第，这是"秩序"；从头至尾顺当地连续下去，没有勉强接笋的处所，这是"联络"；通体维持着一致的意见、同样的情调，这是"统一"。这样，写出来的文章即使不怎样好，至少是可以独立的一个单位，至少是不愧为名副其实的"一篇"了。①

---

① 夏丏尊、叶圣陶：《文心》，生活·读书·新知三联书店 2008 年版，第 267 页。

第二部分

纪实写作

第五章 写作过程

对写作，我们不应该把它当作任务抑或负担，而应该当作自我的表达，当作一种生活方式，因为写作本就是生活的应有组成部分。

本章我们将了解写作过程，按时间序列分为写作前、写作中、写作后。"写作前"，一种是长期准备，甚至应该说是习惯，即，保持好奇心和记日记；一种是临时准备，即，构思和确定人称。"写作中"是本章的重点，从草稿、标题、开头、结尾一路讲开去，不过，"主体部分的起伏"是重中之重。"写作后"着重讲如何修改，以及必要的朗读。

其实，生命中有很多东西是我们不可控的，否则为什么古人有"尽人事知天命"的慨叹呢？但是，写作不一样，是我们可控的，关键是我们要老老实实地走完这全过程，就自然会有一件像样的作品出来。有人会说：能不能发表是你可控的吗？那我也要反问一句：干吗非要发表呢？正如生命的意义在过程而不在结果一样，写作的意义也在过程而不在发表与否。甚至我们很多文字本就是专门写给自己看、给爱人看或者给二三友人看的。

总之，写作应该成为我们的生活方式，成为我们生活的一部分，比如我敲击这段文字的当下。可以说，写作的乐趣和享受就在写作过程当中。

一、写作前

（一）好奇心与日记

尽管将好奇心与日记合并在一起，乍看不伦不类，但是，二者一前一后，都是长期性写作的必要准备。

写作是一种创造，需要创新思维。创新思维的一个重要特点就是充满好奇心。好奇心本来是与生俱来的，每个孩子都有无穷的好奇心，都有千万个"为什么"。后来，父母的教化、学校的标准答案、媒体的焦虑煽动一齐袭来，孩子们自由的思想被放进了大大小小的框子里，好奇心慢慢被压抑，"然后一直持续，结果就是大多数人丧失了求知的习惯，不再对周围的世界提出有意义的问题"①。

但是，"通过恰当的锻炼，任何人都能重获好奇心，就像萎缩的肌肉通过锻炼可以恢复一样"②。

恢复好奇心的技巧有二：一个是不断地观察，一个是不停地追问。

观察周围的环境和人们的言行细节，揣摩环境的变化和人们的心理活动。也就是说，我们一方面生活于其中，一方面审视于其外。然后，及时地记录下来。不过，要注意的是，这种观察和记录同样适用于对自己。

不完美是常态，不断追问就是针对不完美的。就某个现实情况，追问哪些方面不完美。但是，这种追问不是为了抱怨，而应当作挑战，对你的好奇心所提出的挑战。所以，你还要继续追问：不完美可能的原因有哪些？理想的解决方法是什么？如果付诸实践，哪些是最大的障碍？其他人是怎么认识这些不完美的？……这些，都是值得你记录的好材料。有西方记者说：绝不停止提问（Never stop asking）。

就写作而言，如果好奇心只是停留于思想，而不形诸文字，将是残缺和遗憾的。为此，日常观察和追问都应该记录下来，而最好的记录所在就是日记。除了观察和追问，日记的素材可以说无所不包，就是没有什么不可以写进日记的，让自己写起来才是最关键的：

> 写下发生在你身上的任何事，不必担心顺序或者是不是讲清楚了。只管写；停下来就有卡壳的风险，像雪地里的汽车一样。移动你的笔，记录下那些闪过你脑海的东西。不必担心犯错误或者说一些傻事情。你也许会，(但)又怎么样呢？你为自己写，而且如果你不去冒险去说些傻事情，你将不可能会说一些聪明的事情出来。③

尤其我们要意识到，如同弹琴、击剑、踢球一样，写作也是要不断练习

---

① ［美］文森特·拉吉罗著，宋阳等译：《思考的艺术》，机械工业出版社2019年版，第147页。
② ［美］文森特·拉吉罗著，宋阳等译：《思考的艺术》，机械工业出版社2019年版，第148页。
③ Thomas Kane. *The Oxford Essential Guide to Writing*. New York：Berkley, 2000, p. 25.

的。而记日记就是这种练习的最好方式。

"那日记如果整天都是记流水账,还有益于写作吗?"有一个学生曾这样问。实际上,如果只是记流水账,本身就是对日记的敷衍。否则,每天挑一两件事情或者想法记录下来,并不会多难,也会就此告别流水账写法。长此以往,对写作大有裨益。

当然,写日记的好处远在写作之外,可以反躬自省,可以疗伤,可以倾诉自我:

> 经历了一件事情,看到了一些东西,要把它记录起来,……有时我们心里欢喜,有时我们心里愁苦,就想提起笔来写几句;写了之后,欢喜好像更欢喜了,愁苦却似乎减淡了。[①]

(二) 构思

写作之前得想一想:我想写什么?我准备怎么写?我要突出哪些,忽略哪些?要回答这些问题,就需要构思。构思就是做文章的规划,主要是确定主题、选择角度、安排结构。

主题构思方面,可以先胡思乱想,采用发散思维,然后慢慢收拢、细化,确立主题。例如一个开放式题目"我的高中",有的人想都不想,从高一写到高三,以流水账的形式对高中三年进行追忆,涉猎的主题太多。这就没有一个主题构思的过程。应该以高中三年整体为背景、底色,在其中寻找最让你难忘、萦怀、感兴趣的是什么。确定了这个,也就确定了主题。比如,你可以重点写同学情,可以重点写师生情,可以重点写你与应试之间的博弈,或者,学校景色、人生起伏,等等。但是,有些人在主题构思上只有放却没有收的过程,以至于主题不集中。切记,一篇文章一个主题,聚焦一点、不及其余。

角度构思方面,可以从三个方面理解和入手。

第一个是选择的角度,即,你将让哪些材料可见于文字中,让哪些材料不可见于文字中,也就是"可见性"(visibility)。写作尤其是纪实写作,固然以追求客观、真实为理想和目标,但具体到现实实践,人们不可能像镜子

[①] 夏丏尊、叶圣陶:《文心》,生活·读书·新知三联书店 2008 年版,第 19 页。

一样折射现实,都是在进行现实的人为建构。现实建构的要素之一就是,如何处理可见性。不同的价值观、不同的写作目的、不同的视角都会影响到可见性,都会形成不同的现实建构,都会决定选择角度:选择让人们看到什么、看不到什么,决定人们看到不同的社会现实,也决定了任何作者笔下的社会现实本质上都已经被作者进行过"过滤"和建构。

2018年,一女性化名在网络上曝光被某知名媒体人性侵,一时沸沸扬扬。对此,该知名媒体人选择让大众可见的主要是他与这名女性的日常交往,那些令人容易对这名女性产生负面想象的材料。相反地,这名女性选择让大众可见的主要是她与该知名媒体人的当晚交往,那些令人容易对该媒体人产生负面印象的材料。

第二个是表现的角度。选择材料后,任何材料都不会是单一维度,都是多面、复杂的,所谓"横看成岭侧成峰"。那么,你将在文章中怎么表现被你选中的材料?也就是说,你将强化哪些维度,弱化哪些维度,忽视哪些维度?

比如,1946年4月16日《大公报》发表王芸生执笔的社论《可耻的长春之战》,攻击共产党。当时《新华日报》决定回敬对方一个"可耻"。本来社论的标题是"可耻的大公报",但是后来被周恩来修改为"可耻的大公报社论"。二字之差,却凸显了表现角度的差异,前者回敬的是整张报纸,后者回敬的仅仅是4月16日的社论。

第三个是解读的角度,即对你决定强化的维度,将从什么角度来解读。比如,美国媒体往往关注社会中的暴力事件,但解读角度常常迥异:抗议(protest)、爱国(patriotism)、恐怖主义(terrorism)、骚乱(riot)、袭击(assault)、暴动(insurrection)、暴徒(mob)……正如网络上常见的一句话,屁股决定脑袋,这里可以说,写作者价值观决定解读角度。

结构安排方面,尽管写作的原则前面已经讲述,但这里想强调的是,没有任何思路拿笔就写,"猪八戒踩西瓜皮——滑到哪儿写到哪儿"的习惯要不得。写作之前一定要有筹划,要有谋篇布局,以便动笔之前已成竹在胸。在构思阶段,结构安排不需要想得那么清楚,有个轮廓和大致的思路就够了,在后来的具体写作中还可以修改和调整。尽管如此,动笔前对结构想得越细致、越具体,随后的写作相对来说会越少卡壳、越顺畅。为此,写作前最好有一个提纲。

(三) 人称

写作前需要考虑好文章准备采用第几人称，偶尔地，也有两种人称的混合，但要注意交代清楚，自然过渡。人称一旦确定了，就一以贯之，不要变来变去，否则会导致文章脉络的紊乱，使人找不到头绪。

具体而言，第一人称写作往往让读者感到更直接、更真切，让读者跟你一起去听、去看、去闻、去感受，从而给人一种特别的在场感。为此，写作中不要刻意拒绝"我"——拒绝我看到的、我听到的、我感受到的，刻意地把自己从报道中撤开。

例

在前往地震重灾区映秀镇的山路上，我第一次遇见了程××。

那是5月15日下午大约2点钟的时候……我看见一个背着人的中年男子，朝我们走来。

这是一个身材瘦小、略有些卷发的男子，面部表情看上去还算平静。背上的人，身材明显要比背他的男子高大，两条腿不时拖在地面上。他头上裹一块薄毯，看不清脸，身上穿着一套干净的白色校服。

同行的一个医生想上去帮忙，但这个男子停住，朝他微微摆了摆手。

"不用了。"他说，"他是我儿子，死了。"①

不过，写"我"的见闻、感受，并不是必须使用第一人称。

另外，无论直接采用第一人称与否，"我"在场也有劣势，就是不能超出在场的范围，没有看到、没有听到、没有感受到的，便无法写进来。

第二人称写作特别有一种促膝谈心的私密感和代入感，有利于情感的宣泄和引起读者的共鸣。但是，要注意真实和真诚，否则有矫揉造作之感。

运用第二人称的佳作如三毛的《梦里花落知多少》：

我坐在地上，在你永眠的身边，双手环住我们的十字架。

我的手指，一遍一又一遍轻轻划过你的名字——荷西·马利

---

① 林天宏：《回家》，《中国青年报》2008年5月28日第9版。本书在引用时对相关人名做了匿名处理。

安·葛罗。

　　我一次又一次的爱抚着你,就似每一次轻轻摸着你的头发一般的依恋和温柔。

　　我在心里对你说——荷西,我爱你,我爱你,我爱你——

　　这一句让你等了十三年的话,让我用残生的岁月悄悄的只讲给你一个人听吧!①

相对于第一、第二人称,第三人称写作不受时间、空间的限制,有利于自由、灵活地描述;同时,比第一、第二人称更客观、公正,因而被使用得最普遍。

二、写作中

(一) 草稿

写作一定要打草稿,打草稿讲求泼墨如水、一气呵成。无论觉得自己正在写的文字有多么愚蠢,或者有多么文不对题,也不要一步三回头,不要不断地回头在细节上润色、打磨。如 Kane 所言:

　　只管跑,不需要担心小错误。草稿不是终稿;它是暂时的、不完美的……接受不完美。不要逡巡于小问题,……你的主要目的是发展观点、理出一个结构来。不要在大目标上迷失,去追求那些小目标——正确拼写、常规标点、准确用词。这些可以后面去做。②

一般来说,写作很少有一拿起笔来就文思泉涌的时候,刚开始动笔和具有动笔意识同样难。所以,往往开头都会有些生涩甚至惨不忍睹,但是只要坚持住,写着写着就会越来越顺,越来越放松,越来越像你自己,越来越能表达你内心的想法,越来越有新的思想涌入笔端。而且,写作未必一定要从开头写起,完全可以先写你想得最成熟、最有把握的部分。总之,成熟一部分写一部分,不失为一种草稿策略。

---

① 三毛:《梦里花落知多少》,湖南文艺出版社1993年版,第80页。
② Thomas Kane. *The Oxford Essential Guide to Writing*. New York:Berkley, 2000, p. 34.

不过，如果你写着写着发现材料把你带到一个新的、跟预先设想不一样的路子上去，那么，你要相信材料，进行相应的调整，"不要成为你预设计划的囚徒，写作不必为蓝图所囿"①。不但要进行思路的调整，而且要根据后面的材料适当调整前面的内容，以保持前后思路一致。

至于标题，可以等草稿拿出来了再取标题。动笔之前心里先有一个标题也无妨，但是，随着写作的进展，如果感到标题已经不匹配主题了，那么，就需要修改标题了。取标题的原则是，能罩得住文字，有信息，简洁，撩人（好奇心、争议性、另一种说法）。一般地，写完草稿，标题就会油然而生。不过，勿做"标题党"，避免夸张、肤浅、皮厚。

另外，打草稿一定要给自己设置截稿时间，不能无边际地磨蹭、拖延。截稿时间可以相对宽松和弹性一些，但不能完全没有。比如，笔者在练习写新闻评论时，就要求自己一个半小时之内完成草稿。草稿就是草稿，不用追求完美，而是要追求完成。

因此，草稿拿出来以后，先保留一个草稿版，再另外存一个"修改版1.0"进行打磨、修改。

（二）开头和结尾

1. 开头

首先，开头由人们熟悉的事物引入新话题，开门见山，不要绕来绕去不点题。

例

> 幸福的家庭总是相似的，而不幸的家庭则各有各的不幸。
>
> 奥布浪斯基家里，一切都乱了。妻子发觉了丈夫和他们家从前的一个法国女家庭教师有暧昧关系，她向丈夫声言她不能和他再在一个屋子里住下去了。②

这个经典的开头由人们熟悉的"家庭"说起，继而出语惊人，点破家庭

---

① Thomas Kane. *The Oxford Essential Guide to Writing*. New York：Berkley，2000，p. 53.
② ［俄］列夫·托尔斯泰著，周扬译：《安娜·卡列尼娜》，人民文学出版社1985年版，第1页。

的真谛，也很好地概括了整个故事的主题；紧接着，由抽象到具体，引入小说主角之一奥布浪斯基的家庭"不幸"。

其次，开头要简洁，不必描述太多细节，细节可以留到文章后面。

例

> 我是抱着满腔幸福的感觉，抱着游子还家的感觉投奔延安的。
>
> 去延安之前，我有过个人的不幸——我的爱人孙世实同志为党的事业贡献了年轻的生命。①

开头简明扼要，直奔"延安"。初到延安的幸福感一箭双雕，与至延安前的个人不幸形成对照，也成为后来"抢救失足者"运动的背景衬托。

最后，开头要勾人，给人以读下去的欲望，所谓"以奇句夺目，使之一见而惊，不敢弃去"②。

例

> 第 90 块石头，与别的石头没什么不同。③

开头由人们熟悉的"石头"打头，紧跟着特别强调它"与别的石头没什么不同"，就十分勾人。因为，没有什么不同，干吗要写？倒令人想看看个中究竟。

例

> 白嘉轩后来引以为豪壮的是一生里娶过七房女人。④

娶妻是我们熟悉的，但娶七房女人，这就老话题"翻新"了，一下子就抓住了人们的注意力，让人想到同有"七房女人"的韦小宝。不过，作者随后写到，白嘉轩的女人一个接着一个去世。这样的开头不但抓人，而且区区数行，就让读者的情感起伏其间。

---

① 韦君宜：《思痛录》，人民文学出版社 2013 年版，第 7 页。
② 〔清〕李渔著，江巨荣、卢寿荣校注：《闲情偶寄》，上海古籍出版社 2010 年版，第 176 页。
③ 从玉华：《熊的解放：人的救赎之路》，《中国青年报》2009 年 9 月 16 日第 12 版。
④ 陈忠实：《白鹿原》，作家出版社 1993 年版，第 1 页。

2. 结尾

结尾取决于你觉得故事是不是已经讲完、意思是不是已经表达清楚。如果你觉得故事讲完、意思表达清楚了,那么,就该结尾。

例

(墓碑)上面没有名字。

但是多年前,有只手用铅笔在上面写了四句诗,在雨露和尘土的洗刷下已慢慢地看不清楚了,而今天大概已经消失了:

他安息了。尽管命运多舛,

他仍偷生。失去了他的天使他就丧生;

事情是自然而然地发生,

就如同夜幕降临,白日西沉。①

无名的墓碑和四句诗,是对主人公冉阿让一生的精当概括,也自然地勾起人们对他生前诸般故事的回望。如果再有更多诸如"平凡而伟大"一类对亡者的常见赞誉,则纯属狗尾续貂。

好结尾不需要把所有话都讲完,把所有事情都交代清楚,而往往"媚语摄魂",戛然而止,给人以想象的空间、回味的余地,"使之执卷留连,若难遽别"②。

例

我明天到塔拉再想吧。那时,我就受得住了。明天,我会想出办法把他弄回来。毕竟,明天又是新的一天。③

白马带着她一步步的回到中原。白马已经老了,只能慢慢的走,但终于是能回到中原的。江南有杨柳、桃花,有燕子、金鱼……汉人中有的是英俊勇武的少年,倜傥潇洒的少年……但这个美丽的姑娘就像古高昌国人那样固执:"那都是很好很好的,可是

---

① [法]雨果著,李丹、方于译:《悲惨世界》,人民文学出版社1992年版,第1438页。

② [清]李渔著,江巨荣、卢寿荣校注:《闲情偶寄》,上海古籍出版社2010年版,第176页。

③ Margaret Mitchell. *Gone With the Wind*. London:Pan Books, 2014, p.984.

我偏不喜欢。"①

首尾呼应很必要，就像一台戏的开幕和闭幕一样，前有伏笔，后有照应。例如朱自清的《背影》：

（开头）"我与父亲不相见已二年余了，我最不能忘记的是他的背影。"

（结尾）"我读到此处，在晶莹的泪光中，又看见那肥胖的、青布棉袍黑布马褂的背影。唉！我不知何时再能与他相见！"②

首尾呼应得好，就像开头启开一本书、结尾合上一本书那样，使整篇文字保有完整性，使文脉连贯相通，浑然天成。

（三）背景

写文章要有背景，这背景是主人公活动的舞台，也对主人公的言行起到烘托的作用，所谓"红花虽好，还要绿叶扶持"。

夏丏尊、叶圣陶以马致远的《天净沙·秋思》为例有一段剖析：

> 枯藤老树昏鸦，小桥流水人家，古道西风瘦马，夕阳西下，断肠人在天涯。这里头句句都是背景，只末了一句才说到那个主人公"断肠人"。主人公怎样呢？他并没有什么施为，作者只用"在天涯"三个字来说述他的情况。可是这许多背景的衬托的作用丰富极了……一个出门人心绪本来就不很好，又在这样的境界之中，其愁烦达到何等程度，自可不言而喻。这和不画月亮而画云，却把月亮衬托了出来，情形恰正相同；可以说是专用背景来衬托的一个极端的例子。③

《天净沙·秋思》中的背景与主体的意味是一致的。不过，有时背景与主体的意味相反，这是反衬。

---

① 金庸：《金庸作品集13：雪山飞狐·鸳鸯刀·白马啸西风》，香港明河社1994年版，第425页。

② 朱自清著，梁仁选编：《朱自清散文》，浙江文艺出版社1999年版，第41-42页。

③ 夏丏尊、叶圣陶：《文心》，生活·读书·新知三联书店2008年版，第83页。

例

　　冠盖满京华，斯人独憔悴。①

"冠盖满京华"就是背景，正是这么热闹的背景才能反衬出李白的茕然孑立，"斯人独憔悴"。

就反衬而言，背景与主体反差越大，对比效果越强。

例

　　4平方米有多大？它相当于一张大号双人床的面积，还差一点点才能装下一整张乒乓球桌，勉强能够容下4个并排躺着的成年人。

　　在一幢别墅里，4平方米可以安置一个大浴缸，或者辟一间小储物室；而在100多平方米的大房子里，它差不多是一间厕所。

　　但有时，4平方米也可以承载一个完整的家：住进一对夫妇，一家三口，甚至一家四口。

　　在这间房子里，放一块宽1.2米、长1.9米的木板，铺上发黄的褥子和一张凉席，就是床。往床尾的墙壁上打几层木板，就可以堆衣物和碗碟。床对面的墙上再钉上两个木架子，电磁炉和电饭煲一摆，就可以做饭了。只是，门一打开，人在里面转个身都得小心翼翼。②

（四）主体

主体写作，最重要的是有起伏。常言道：文似看山不喜平。主体部分要起伏，有起有落有高潮。

1. 适当制造悬念

　　讲究叙事次第的原则只有一个：持续制造读者对于这故事的多样悬念。……若非勾人追问："后来呢？"就是引人追问："何以至此？"无论是情节上的推进，或者是心理层面的探索。③

---

① 〔唐〕杜甫：《梦李白二首》，见《杜甫诗选》，人民文学出版社1984年版，第135页。

② 陈倩儿、庄庆鸿、谢宛霏：《四平米的家》，《中国青年报》2012年12月5日第12版。

③ 张大春：《自在文章》，广西师范大学出版社2017年版，第86-87页。

悬念,就是让你的心悬起来的念头,勾起好奇心,促人继续读下去寻找答案。

例如陶渊明《桃花源记》:

晋太元中,武陵人捕鱼为业。缘溪行,忘路之远近。忽逢桃花林,夹岸数百步,中无杂树,芳草鲜美,落英缤纷,渔人甚异之,复前行,欲穷其林。①

这就是悬念,而且悬念迭起。先是迷路了,不知如何是好(悬念一);继而"忽逢桃花林"(悬念二);再往前走,想看看桃花林尽头是什么(悬念三)。就这样,一路埋伏笔,设悬念,又一层一层解开,扣人心弦。

再比如从玉华《熊的解放》的开头也是不断设置悬念:

第90块石头,与别的石头没什么不同。

这块石头上写着:"SYNTEGRA,? — 08/26/09。"这是一个拗口的拉丁文名字,它死于2009年8月26日。"?"意味着无人确切知道它什么时候出生,出生在哪里。

这块石头很干净,三两只蚂蚁在上面爬来爬去。而更多的石头则长满青苔,有的半陷在泥土里,上面的字迹模糊可辨。每块石头的背后都有小木片做成的十字架,它们插在长满青草的不足膝盖高的土堆上。

这些土堆掩藏在一大片竹林里,地上开着紫色的小花,小手模样的藤萝四处攀爬,郫河支流从旁缓缓流过。

显然,没有比这儿更适合的墓地了。这里埋葬的不是人,而是90头熊。②

悬念往往可以通过追问的方式来打开思路。比如,阳台上有一盆兰花,我们可以问:这兰花是谁买的?并追问:在哪买的?小区来了个男门卫,我们可以问:他以前是做什么的?并追问:以前你们小区门卫都是女的吗?

深圳大学粤海校区和沧海校区之间有一座天桥,多年前就修好了,但就

---

① 朱东润主编:《中国历代文学作品选》(上编第二册),上海古籍出版社2002年版,第426页。

② 从玉华:《熊的解放:人的救赎之路》,《中国青年报》2009年9月16日第12版。

是迟迟不使用,为此,笔者指导学生们写了篇报道,题目就叫《一桥飞架南北,不通车不走人》,引导学生追问:天桥是什么时候修的?为什么既不通车也不走人?什么时候才有望通车走人?

王鼎钧举过这样一个例子:

> 某君从异地还乡,见家中的长工赶着马车在车站迎接,颇感诧异,他以为弟弟会开着汽车来的。他和长工之间有如下一段对话:
> "家里的汽车呢?"
> "昨天撞坏了。"
> "怎么撞的?"
> "二少爷开快车。"
> "哦!我弟弟怎么样?"
> "在医院里急救。"
> "咳!他开车为什么不顾安全呢!"
> "因为他要送老爷去医院。"
> "我爸爸怎么啦?"
> "他老人家突然得了心脏病。"
> "本来好好的,怎么突然病了呢?"
> "因为家里失火,房子都烧掉了。"①

这个例子中,几乎每一个追问都是在设置一个悬念,"不但使我们'听见'家破人亡的惨变,也使我们'看见'一个拘谨的、迟钝的、口才笨拙的老仆"②。

从写作角度来说,悬念常通过倒叙来设置,像上面这个例子写下来就是一个典型的倒叙。

2. 句式的交替

> 一篇文字之中,有许多句子,这许多句子如果都是构造差不多的,读起来就嫌平板不调和了。譬如:这是大文的书房,我们假如

---

① 王鼎钧:《作文七巧》(增订版),生活·读书·新知三联书店2019年版,第36—37页。

② 王鼎钧:《作文七巧》(增订版),生活·读书·新知三联书店2019年版,第37页。

作一篇记事文，记述这间书房的光景，倘然说"门在东面，窗在南面，床在北面，书架在西面。门外有一片草地，窗外有一座树林，架上有许多书籍，床旁有一只箱子。……"八句句子中，只有两种句式，一种句式各接连重叠到四次之多，读去就不上口了。这是关于句子的构造的话。……要想文字的句调流利，句法须错综使用，切勿老用一种句式。①

句式单一、缺乏变化，会使文章显得呆板和单调。所以，写作一定要注意各种句式的变化与结合，交错使用和搭配，以相得益彰。

句式根据结构的繁简，分长句、短句；根据句子数量，分简单句、复合句；根据主语的性质，分主动句、被动句；根据判断，分肯定句、否定句；根据语气，分陈述句、疑问句、祈使句、感叹句。

就上述句式而言，短句比长句更有力量。

例

他退学的原因是有 3 门课不及格。
他因为 3 门课不及格而退学。

在那段时间里，他的皮肤在颜色上变得黝黑，样子看上去显得精神。
那时，他皮肤黝黑，看上去精神。

他是一个身材魁梧的男人。
他身材魁梧。

上述三组例子中的第二句都比第一句更简洁有力。

其次，主动句比被动句更直接，更明确事件的责任主体。

例

我第一次进深圳大学的样子总是被妈妈回忆起来。
妈妈总爱回忆我第一次进深圳大学的样子。

---

① 夏丏尊、叶圣陶：《文心》，生活·读书·新知三联书店 2008 年版，第 198 页。

除非用于过渡，否则，第二个句子明显更好。

例

  他被激怒了。

  小莉激怒了他。

第一个句子的责任主体因为被动而缺失。

再次，肯定句比否定句更确定，"使用'不'以表达否定或对立，但从来不要（用'不'）表达回避"①。

例

  他经常不按时上课。

  他经常迟到。

  小莉不认为听这个课会对写作有很大用处。

  小莉认为听这个课对写作没用。

上面两组例子中，第一句吞吞吐吐，第二句干净利落。

不过，以表达对立的否定句和肯定句同时使用，会有强化效果。

例

  不要问你的国家能为你做什么，问问你能为你的国家做什么。

上述讨论都是在一般意义上而言的，句式合适与否最终取决于语境、文体等多种因素。比如，论文、论著、逻辑推理类文字相对来说偏爱长句子、复杂句；而新闻报道、文学作品、演讲辩论应该多用短句子、简单句、主动句。另外，只使用单一句式的文字无疑是乏味的，所以，具体写作中一定要注意句式的交替。

3. 段落的交替

分段取决于叙述的逻辑和连贯的需要。什么时候分段？在场景转换、情节变化、意义转折的时候。

---

① William Strunk & E. B. White. *The Elements of Style Illustrated* (illustrated by Maira Kalman). New York: Penguin, 2005, p. 34.

通常情况下，写短段落为上策，三句话左右的短段落比较适宜，因为你的作品先要入目然后才可能入脑。短段落相对而言具有这种入脑的优势，显得对读者更友好。相反地，长段落黑压压一片，甚至不能引起人开始阅读的欲望。

不过，长段落固然使文章显得呆板、冗长，但过多的短段落也会让文章看上去支离破碎，显得零散、不连贯，对阅读也是一种干扰。如 Zinsser 所言："一连串的短段落跟一个太长的段落一样讨厌。"[1] 所以，写作中要注意长短段落的交替使用。

例

> 权益无法得到保障的，还有被外卖骑手撞伤的行人。
>
> 去年4月，林×在回家路上被一位骑手撞倒，左腿骨折，当天是这位骑手第一天上班，站点负责人表示，保险还没来得及买，以及，此事也与站点无关。"我们只让骑手送外卖，可没让他去撞人啊。"这位负责人说。
>
> 数次沟通后，站点拿出的处理意见是：可以帮忙说服骑手分期支付医疗费、营养费。
>
> 最后，这件事的解决依靠的是"关系"——林×的公司领导认识该外卖公司的某位高层，在高层的施压下，站点最终同意支付医疗费用。
>
> 社交平台上，一位骑手维权的帖子下，一位网友留言道："外卖员跑出了单量、跑出了市值，但一个靠外卖业务做大的公司，却不会给任何一位外卖员提供正式的劳动雇佣合同。"
>
> 车祸过去一年后，石×的骑手账号仍然没有恢复，他也没能获得那笔意外险的赔偿。他告诉《人物》，"我决定离开这个行业，不再回来了"。而那些还在路上拼命抢时间的骑手，则只能在心中默默祈祷——曾在路口目睹过同行当场丧命的骑手魏莱，在自己的网络日记中写道："愿天下骑手都能平安回家。"[2]

---

[1] William Zinsser. *On Writing Well*. New York：Harper，2006，p. 79.

[2] 赖祐萱：《外卖骑手，困在系统里》，2020年9月8日，见微信公众号"人物"：https：//mp. weixin. qq. com/s/Mes1RqIOdp48CMw4pXTwXw。本书引用时对相关公司名和人名做了匿名处理。

就所节选文字而言，短段落局促、戛然而止，长段落铺陈、拓展延伸，长短段落搭配相宜，既在内容上相互映衬、浑然一体，同时又形成阅读上的节奏感。

4. 详略的交替

文章忌平均用力，一定要有详略。详略的依据是文章的主题。凡是与文章主题密切相关的材料就需要详写，凡是与主题相关性不大的材料就需要略写。详写是为了突出主题，略写是为了背景过渡。

例如陶渊明《桃花源记》：

> 林尽水源，便得一山，山有小口，仿佛若有光。便舍船，从口入。初极狭，才通人。复行数十步，豁然开朗。（渔夫如何进去，详写）

> 土地平旷，屋舍俨然，有良田美池桑竹之属。阡陌交通，鸡犬相闻。其中往来种作，男女衣着，悉如外人。黄发垂髫，并怡然自乐。（里面人的生活状况，比较详写）

> 见渔人，乃大惊，问所从来。具答之。便要还家，设酒杀鸡作食。村中闻有此人，咸来问讯。自云先世避秦时乱，率妻子邑人来此绝境，不复出焉，遂与外人间隔。问今是何世，乃不知有汉，无论魏晋。此人一一为具言所闻，皆叹惋。余人各复延至其家，皆出酒食。（盛邀的场面，最详写）

> 既出，得其船，便扶向路，处处志之。及郡下，诣太守，说如此。太守即遣人随其往，寻向所志，遂迷，不复得路。（其间所发生的事情，比如，做记号、见太守、太守派人寻找，都略写）

> 南阳刘子骥，高尚士也，闻之，欣然规往。未果，寻病终，后遂无问津者。（刘子骥问津桃花源，更略写）①

一般地，"点"要详写，一滴水中见太阳，因为是凸显主题的；"面"要略写，不用面面俱到，因为是给故事提供背景的。点面结合，相应地，详略自然得当。

---

① 朱东润主编：《中国历代文学作品选》（上编第二册），上海古籍出版社2002年版，第426页。

一篇文章该详写的不详写,重点就不突出;该略写的不略写,就会冲淡甚至淹没主题。但是,正因为详略需要交替,所以,另一个要求就是详略有度——若以为越详越棒,为写而写,则会画蛇添足;或者越略越好,蜻蜓点水,则会不及要义。

三、写作后

写作后就只有一件事情——修改,文章不厌百遍改。

> 我感激每一个改进自己作品的机会。……我知道学生们并不能分享我对修改的感情,他们认为那是惩罚:额外的作业、额外的事情。如果你是这样的学生,请你(开始)把它当作礼物吧。你只有理解了写作是一个进化的过程而不是一个完成了的产品,你才可能写得好。[①]

草稿时,只顾为自己而写作;修改时,一心为读者而修改。一般不建议写完后立即修改,而是先放两三天,再回过头来改。因为,刚刚写完后,往往不容易跳出来发现问题。

用电子设备写作,记得修改前用 U 盘备份或者网络备份,别太相信电脑。写作中的灵感往往只产生在写作的那个当下,万一因为没有备份而丢失文档,你可以重写,但多半会难以完全找回当初的灵感。备份还有一个目的是方便修改。也许你第一次修改时动作很大,但第二次修改时又有些后悔,还想复原如初,这时,倘若你没有备份原稿,麻烦就来了。所以,最好每次修改后的版本都作为一个新文档进行保存。

建议以"在批注框中显示修订"的墨迹形式修改,这样,既对修改部分一清二楚,也有利于增加自己的修改成就感,更添修改的新动力。

修改的依据是什么?是写作的原则,即,简洁、清晰、连贯。修改过程据此要做的事情很多,这里摘其一二述之。

(一) 调整

调整主要有:结构调整、句子调整、用词调整。

---

① William Zinsser. *On Writing Well*. New York:Harper,2006,p. 84.

结构调整是修改的第一步工作，它着眼于文字的宏观层面，调整框架，重新布局，消除"肠梗阻"，铲平坑坑洼洼，属于大动作，不着眼于细枝末节。比如，后面的需要放到前面，前面的放到后面，或者压缩一些段落，合并一些段落，或看看上下段过渡是否自然，等等。若是文章读起来宛若掉进一堆乱水草中，须挣扎半天才能爬起来，这多半就是结构上存在问题，需要调整。

结构调整旨在使文章布局合理，层次分明，前后连贯，逻辑线更清晰，思想的流动更顺畅。

句子调整是就语法而言的。语法包括词、短语、句子的结构规则，旨在帮助人们在写作中做到文通字顺。词语方面的语法毛病主要是词语搭配不当，不过，更容易犯的语法毛病，是句子成分残缺。

例

高二的时候，遇上乱港分子破坏香港的治安，看着网上良莠不齐的新闻，有真有假。（缺少主语）

吕叔湘、朱德熙认为，注意三件事就可使句子结构少出毛病：

第一，要分别主干和枝叶。"主语——动词——（宾语）"，或是"主语——动词——表语"，这是句子的主干，一切附加语是枝叶。不要把应该做主干的东西放在枝叶里，也不要让只能做枝叶的东西变成主干，尤其不要让茂盛的枝叶遮蔽了你的眼睛，看不见主干的残破。

第二，要认清潜伏的脉络。主干的各部分之间的联系，附加语和被附加语之间的联系，这些都是脉络。……该连的地方不能断，该断的地方不能连，尤其要能首尾呼应，不要半路上变卦。

第三，要老实，不要使花腔。许多人提起笔来就不肯老实。总觉得，像说话似的直来直往能算是文章吗？文章要"做"。把句子弄复杂是"做"文章的方法之一。结果常常是画虎不成，不是复杂而是混乱。①

---

① 吕叔湘、朱德熙：《语法修辞讲话》，商务印书馆2018年版，第152—153页。

用词调整主要指改正错别字。不少错别字很常见，比如，"前路迢迢"写成"前路昭昭"、"延伸"写成"延申"、"精彩"写成"精采"、"掺杂"写成"参杂"、"咋舌"写成"乍舌"、"铆足劲"写成"卯足劲"、"万事俱备"写成"万事具备"、"一副春联"写成"一幅春联"、"血脉偾张"写成"血脉喷张"。不过，最为常见的是"的""地""得"的混用。对付错别字的有效方法之一，是案头备字词典，不确定时随手查阅。

（二）增删

写完后至少看两遍，竭力把可有可无的字、句、段删去，毫不可惜。①

一个句子应该没有多余的字词，一个段落应该没有多余的句子。同样的原因，一幅画应该没有多余的线条，一个机器应该没有多余的部分。……每个词都说话（every word tells）。②

Strunk 和 White 举了一些例子来说明：③

A	B
不用怀疑的是（there is no doubt but that）	无疑（no doubt/doubtless）
以一种匆忙的方式（in a hasty manner）	匆忙地（hastily）
她的故事是一个奇怪的故事（Her story is a strange one）	她的故事是奇怪的（Her story is strange）
为什么这样的原因是（the reason why is that）	因为（because）

好文章都是删出来的。一篇文章只有把冗余的部分删除，才能突出本该突出的部分，才能让重要的部分浮出水面而不至于被淹没。但现实中，很多

---

① 鲁迅：《二心集》，人民文学出版社 1995 年版，第 172 页。
② William Strunk & E. B. White. *The Elements of Style Illustrated*（illustrated by Maira Kalman）. New York：Penguin, 2005, p. 39.
③ William Strunk & E. B. White. *The Elements of Style Illustrated*（illustrated by Maira Kalman）. New York：Penguin, 2005, p. 39.

人对自己的文字有一种敝帚自珍的偏好,以为删无可删。实际上呢?如 Zinsser 所言:"绝大多数第一稿都能砍掉一半而丝毫不丢失任何信息或作者的声音。"①

删减不只是为了简洁,也是为增加新内容腾挪空间,或增加新材料,或增加新细节,或增加新角度,以使弱的更弱、强的更强,以详略得当,突出主题。

(三) 更换

"为人性僻耽佳句,语不惊人死不休。"② 修改的任务之一是更换用词,以便文字能更准确而充分地表达你的意思。

例

> 疏影横斜水清浅,暗香浮动月黄昏。

这联名句源自五代南唐江为的残句:"竹影横斜水清浅,桂香浮动月黄昏。"这两句写竹的影子,但没有写出竹影的特别;写桂花的香味,但没有道尽桂香的清幽。后来,北宋诗人林逋将"竹"改成"疏",将"桂"改成"暗",一齐来形容梅花,既勾勒出梅花的形,也传出梅花的香,富有意境,一改原来诗句的直白,平添几分韵味与想象。

例

> 春风又绿江南岸

据说王安石最初用的是"到",再改为"过",又改为"满",最终才选定"绿"。"到"字静,没有想象力;"过"字平,没有动感也缺乏激情;"满"字腻,打破了春风应有的轻灵。唯"绿"字,有颜色,形象;有动感,生动;关键是有想象力,一字道尽春天的满目生机。

(四) 朗读

我们从小就习惯于朗读经典诗文,固然是为了记忆内容,但也是在培养

---

① William Zinsser. *On Writing Well*. New York:Harper, 2006, p. 16.
② 〔唐〕杜甫:《江上值水如海势,聊短述》,见《杜甫诗选》,人民文学出版社 1984 年版,第 177 页。

对文字的语感,感受诗文内含的美感和韵味,本身就是一种享受。可是,我们很少有朗读自己文字的习惯。

就写作而言,朗读自己的文字其实很重要,写作不仅需要用眼睛也需要用耳朵,因为这会让我们自然地由作者的身份跳脱出来,以一个听众的角色感觉和体味自己的文字。这样往往会发现不朗读所发现不了的问题。Kane甚至认为:"耳朵经常比眼睛更可信,它们会识别出句子结构的笨拙或者不和谐的重复,而这些都容易被眼睛晃过去。"[1] 因此,文章写完之后要至少朗读一遍,正如拉吉罗所说:

> 大声朗读自己的草稿,记下听起来不自然的段落,然后修改它们,直到你读起来感到通畅。[2]

总之,好作品不仅好看,也一定好听。

---

[1] Thomas Kane. *The Oxford Essential Guide to Writing*. New York:Berkley, 2000.
[2] [美] 文森特·拉吉罗著,宋阳等译:《思考的艺术》,机械工业出版社 2019 年版,第 316 页。

第六章　陈述方式与纪实写作

三种陈述方式最早是由日裔美国学者早川在其著作 *Language in Thought and Action* 中提出来的，对写作（尤其纪实写作）很有帮助。

早川将陈述方式分为三种，即，报告（report）、推论（inferences）、判断（judgments）。

除了介绍三种陈述方式，本章还将谈谈陈述方式背后的理论支撑，即，事实判断和价值判断。最后，我们将讨论纪实写作的陈述原则。

一、三种陈述方式

（一）报告

报告，是一种可以证实或证伪的陈述。

例

> 我爷爷今年七十五岁，患了帕金森综合征。

"我爷爷"是不是今年正好七十五岁，有没有得帕金森综合征，这些都是可以核实的。比如，求证于"我爷爷"的出生证明、身份证、病历等，或者访谈"我爷爷"的亲属、主治医生等。总之，"我爷爷"的年龄、疾病，这些理论上来讲都是可以核实的。

例

> 比我小十三岁的萧珊患癌症得不到及时治疗含着泪跟我分离。[①]

萧珊是不是比巴金小十三岁，是不是得了癌症，有没有得到及时治疗，

[①] 巴金：《随想录》，人民文学出版社1980年版，第660页。

分离时候含泪了没有,都是可以证实的。如果有任何一条没有被证实,该报告都是错误的。

报告固然可以查证,但毕竟人的时间和精力有限,所以,实际生活中,我们更多会选择通过信息源来判断信任一个报告与否。比如,同是报告昨天晚上某地地震了,一个信息源是国家地震局,一个信息源是街头小贩,你会更相信哪个来源的报告?通常是前者,这是由政府部门的权威性决定的。当然,这也不能一概而论,只能是相对而言,因为我们在后面会讲到,常见逻辑谬误的一种就是诉诸权威。

现实生活中,我们要仰赖大量报告类陈述进行决策或者行动。比如,买房子,我们要获取最近房价的报告;找工作,我们要了解有关某公司的产品销售额、利润和人员缺编情况的报告;谈对象,我们要得悉对方年龄、身高、星座等个人方面的报告。

如果只报告某房子、某工作、某对象好的一面,而不报告它们坏的一面,以有意识地让我们对某房子、某工作、某对象产生好感,这时候,我们可以说:报告是偏倚的。偏倚的报告严格来说已经不是报告了,而是一种隐性判断。

例

　　兴延快速路三大高速全面开通,从西直门到家只需 25 分钟左右。

西直门是全北京交通最堵的地段,这一点却被有意识地隐去。

例

　　该楼盘距离北京 210 公里。

楼盘实际所在地是河北张家口。

例

　　我们已帮助学生成功申请到的学校有哈佛大学、普林斯顿大学、耶鲁大学,等等。

没有一个留学中介会告诉你他们帮助学生申请学校的失败案例。

(二) 推论

推论（inference），是根据已知情况陈述的未知情况（如表6-1）。

表6-1 推论的例子

序号	已知情况	未知情况
1	电风扇咔嚓咔嚓地响	可能哪个螺丝松了
2	最近安娜老是失眠	安娜一定是有什么心思
3	有位女生染头发了	她应该是想让自己显得更新潮

我们来看一些具体文本使用推论的例子。

例

父亲一生讨厌政治，认为政治是黑暗的、肮脏的，小时候我经常听他这么说，所以我想他不是（国民党）党员。①

这个例子已知的是"小时候经常听他这么说"，但父亲当时有没有加入国民党，这是未知的，作者说"我想他不是（国民党）党员"便是基于已知情况所进行的推论。

例

初，上使李靖教(侯)君集兵法，君集言于上曰："李靖将反矣。"上问其故，对曰："靖独教臣以其粗而匿其精，以是知之。"上以问靖，靖对曰："此乃君集欲反耳。今诸夏已定，臣之所教，足以制四夷，而君集固求尽臣之术，非反而何！"②

李靖、侯君集两人都位列唐太宗时期的凌烟阁二十四功臣。在这个故事里，两人均无异议的是，李靖教侯君集兵法"以其粗而匿其精"。这是已知情况。但是，两人推测出的未知情况竟截然相反。侯君集认为，李靖教我兵法粗而不精，如果不是想要造反那为何要留一手？所以由此推测说："李靖

---

① 何兆武口述，文靖执笔：《上学记》，人民出版社2016年版，第4页。
② 〔宋〕司马光撰，〔元〕胡三省注：《资治通鉴》，中华书局2011年版，第6307页。

将反矣。"李靖认为，我教你兵法粗而不精，是因为四海既定，粗粗地教一些兵法就够你成边了，但是，你还不满足，要把兵法学精，不是想造反是什么？由此推测说："君集欲反耳。"李靖一语成谶，侯君集后来真的跟太子李承乾一起造反。

著名学者陈寅恪是运用推论的高手，他往往基于扎实的史料考证，剑走偏锋，烛幽探微，出奇制胜。比如对杨贵妃是否处子入宫这样一段学术公案，陈寅恪基于以下五个已知情况，进行了令人信服的推论。

（1）寿王李瑁是李隆基及其宠妃武惠妃的儿子，杨玉环被册封为寿王妃于开元二十三年（735）十二月二十四日。

（2）唐代官修的礼制之书《开元礼》条列的亲王纳妃的关键仪式顺序是：请期（择定婚期）、册妃（册封妃子）、亲迎（迎娶新娘）、同牢（同吃一份肉）。

（3）武惠妃去世于开元二十五年（737）十二月七日。

（4）李隆基生母窦德妃被武则天杀害于长寿二年（693）正月初二日。李隆基登基后，将母亲追封为皇后，皇后忌辰正月初二日举行悼念仪式。

（5）皇后忌日，李隆基颁布敕文《度寿王妃为女道士敕》，"属太后忌辰，永怀追福"①，度杨玉环为道士，号太真。后来，杨玉环以道士身份入宫。

未知情况是，杨氏到底是不是处子入宫。

陈寅恪的推论是，既然杨氏度道士在前，入宫在后，那么，根据敕文，杨氏应该是在皇后忌日或之后方才入宫；同时，也必然是在武惠妃去世之

---

① 全文如下："圣人用心，方悟真宰。妇女勤道，自昔罕闻。寿王瑁妃杨氏，素以端懿，作嫔藩国。虽居荣贵，每在精修。属太后忌辰，永怀追福。以此求度，雅志难违。用敦宏道之风，特遂由衷之请。宜度为女道士。"任晓勇翻译为："先祖老子潜心思索，才终于领悟了天地间的真理（创立了道家学说并由此发展出道教）。妇女学道求仙，自古以来就少有。寿王李瑁的妻子杨玉环，一贯端庄贤淑，在亲王府邸做妃子。虽然处在荣显富贵的地位，却常能精诚修炼。值此皇太后忌日，期盼着为其亡灵祈求福佑。因此，她主动申请离俗出家，这种高雅的情志实在难以阻拦。为促进弘扬道教的社会风气，特满足她由衷的请求。应当依据道规举行仪式，让她出家做女道士。"（任晓勇：《雅志难违还是君命难违——说唐玄宗〈度寿王妃为女道士敕〉》，《书屋》2006年第4期）

后,否则,"岂不尹邢觌面?"①。也就是说,"杨氏入宫,至早亦必在开元二十六年正月二日"②。另一方面,杨氏被册封寿王妃的时间是开元二十三年,这样,册封与入宫"其间相隔至少已越两岁"。而根据《开元礼》,请期、册封、亲迎、同牢这几个程序"虽或有短期间之距离,然必不致太久"③。为此,陈寅恪结论认为:"岂有距离如是长久,既已请期而不亲迎同牢者乎?由此观之,朱氏'妃以处子入宫似得其实'之论,殊不可信从也。"④

凡是对某个事实情况的猜测,抑或未经核实而对他人想法或感受的陈述,都是推论。

例

> 小明可能比他爸爸还高。
> 今天,她看上去很开心,她表现得十分活泼。

任何关于未来的预测性陈述也是推论。因为未来还没有发生,所以,未来是无法核实的,是未知的。

例

> 如果中国经济在未来的 10 年或 20 年中仍以现在的速度发展,那么中国将有能力重建其 1842 年以前在东亚的霸权地位。⑤

(三) 判断

判断(judgment),是对某事、某人或某物的态度的陈述,即,赞同、

---

① 陈寅恪:《元白诗笺证稿》,商务印书馆 2015 年版,第 17 页。"尹邢觌(dí,相见)面"是对"尹邢避面"的变通使用,《辞源》的解释是:"汉武帝同时宠幸尹夫人与邢夫人,不令两人相见。尹夫人向武帝请求见邢夫人。相见后,尹夫人'乃低头俯而泣,自痛其不如也'(见《史记·外戚世家》)。后称彼此嫉妒为尹邢。……又把因嫉妒而避不见面称为尹邢避面。"[何九盈、王宁、董琨主编:《辞源》(第三版),商务印书馆 2015 年版,第 1216 页]

② 陈寅恪:《元白诗笺证稿》,商务印书馆 2015 年版,第 19 页。

③ 陈寅恪:《元白诗笺证稿》,商务印书馆 2015 年版,第 19 页。

④ 陈寅恪:《元白诗笺证稿》,商务印书馆 2015 年版,第 19 页。

⑤ [美]塞缪尔·亨廷顿著,周琪、刘绯、张立平、王圆译:《文明的冲突与世界秩序的重建》,新华出版社 1998 年版,第 2 页。

不赞同等倾向性的表达。

例

女人是祸水。

这是古人对女性的一种判断，认为女性尤其是美丽女性是祸乱的源头，所谓"倾城倾国"。历史上最著名案例之一是商纣王，沉迷于妲己之美色，对妲己言听计从。周武王起兵讨伐，在牧野宣誓时就说"今商王受①，惟妇言是用"，并引用古语"牝鸡之晨，惟家之索②"。就是说，母鸡报晓是一个家庭走向衰败的源头，听信妇人之言是商朝国运走到终点的源头。当然，这是一种性别偏见，正如孔子所谓"唯女子与小人为难养也"③。将"女子"与"小人"相提并论，并断为"难养"之辈，加以贬抑，这也是带有性别偏见的判断。不过，钱钟书说：

（古代）词章中亦不乏平反之篇，如《西施滩》："宰嚭④亡吴国，西施被恶名"，以至清张问陶《美人篇》："美人实无罪，溺者自亡身；佛罪逮花鸟，何独憎美人？"⑤

判断是陈述者个人价值观的流露，如霍布斯所言：

任何人的欲望的对象就他本人说来，他都称为善，而憎恶或嫌恶的对象则称为恶；轻视的对象则称为无价值和无足轻重。因为善、恶和可轻视状况等语词的用法从来就是和使用者相关的，任何事物都不可能单纯地、绝对地是这样。⑥

通俗地说，对同一个人比如张三，甲做出"张三善良"的判断，乙完全可能做出"张三恶毒"的判断。张三还是那个张三，之所以有的人以为善良，有的人以为恶毒，固然与张三自身言行有关，但更多与我们自己所持的

---

① 相传商纣王名"受"。
② 索、素同义，意即空、散、尽。（周予同主编：《中国历史文选》，上海古籍出版社2013年版，第9页。）
③ 《论语·阳货》，见［清］刘宝楠撰：《论语正义》，中华书局1990年版，第709页。
④ 嚭：音pǐ，即伯嚭，任吴国太宰。
⑤ 钱钟书：《管锥编》，生活·读书·新知三联书店2007年版，第354页。
⑥ ［英］霍布斯著，黎思复、黎廷弼译：《利维坦》，商务印书馆1986年版，第37页。

善恶观有关。张三的言行合乎我们自己的善念框架,我们就会以张三为善;张三的言行合乎我们自己的恶念框架,我们就会以张三为恶。

因此,我们需要认识到判断的相对性,并对判断尤其没有报告支撑的判断保持怀疑。

例

>李老师的课讲得非常好。
>
>李老师的课堂从来是座无虚席,同学们都认真听讲,没有一个人上课打瞌睡,李老师的课讲得非常好。

这两个例子,第一个是判断,第二个也是判断,但第二个判断是建立在报告的基础之上,所以更为可信。因为判断是主观性的,是意见的表达,不像报告那样陈述的是事实。相对于意见,事实更有力。

报告因为对象是事实,便有一个判断真假的标准;判断因为对象是意见,便没有真假之分,只有认同与不认同、接受与不接受之别。另外,凡是包含有多少、好坏、美丑、善恶、成败、民主、主义等抽象意义的概念,都是态度和意见的表达,都归为判断。

最后,凡是那些包含有价值观元素在里面的词语本身就是判断,要尽量避免:

>与其叫人"官僚",我们不如说"政府官员";与其叫人"戏子",我们不如说"演员";与其叫人"游民",我们不如说"无家可归的失业者";与其骂人"神经病",我们不如说"他的想法与众不同"。①

二、陈述方式的交织

写作中,这三种方式也是时而交织在一起。

---

① [美]塞缪尔·早川、艾伦·早川著,柳之元译:《语言学的邀请》,北京大学出版社2015年版,第52页。

例

>她也给关进"牛棚",挂上"牛鬼蛇神"的小纸牌,还扫过马路。究竟为什么?理由很简单,她是我的妻子。她患了病,得不到治疗,也因为她是我的妻子。①

巴金主要是报告,但在自问自答"为什么"时,运用的是推论,也就是一种推测。巴金推测萧珊之所以受这些折磨,只因为"她是我的妻子"。不过,这个推论并未被证实,是未知情况。

例

>梅贻琦,1931年起正式执掌清华,是清华历史上任职时间最长的校长,对清华大学的发展起了决定性的作用。他的就职演说中有一句话,现在广为传播:"所谓大学者,非谓有大楼之谓也,有大师之谓也。"我猜测,当他说这句话的时候,脑海里浮现出来的,很可能是早年主持清华国学院院务会议时,和梁启超、王国维、陈寅恪等人的交往。②

梅贻琦哪年执掌清华大学,他是不是清华大学历史上任职时间最长的校长,这些都是可以核实的,都是报告。至于说梅贻琦对清华大学发展起了"决定性的作用",这是判断,因为这只是作者的个人看法而已。梅贻琦说过哪句名言,是不是在就职演说上说的,有没有广为传播,这也都是可以核实的,也都是报告。"我猜测"后面的内容皆为推论,因为这些是未知的,作者对此并没有进行核实,也无从核实,因为梅贻琦已经去世,而作者所猜测的内容均为梅贻琦的心理活动。

其实,三种陈述方式本就存在一定的联系。报告与推论的表达内容都是"事情(情况)",不过,前者是已经确认的,可以谓之"事实",可以进行证实或证伪;后者是还没有确认的,不可以谓之"事实",不可以进行证实

---

① 巴金:《随想录》,人民文学出版社1980年版,第15页。
② 陈平原:《读书的风景》(增订版),北京大学出版社2019年版,第80页。

与证伪。① 推论与判断的表现形式都是"意见",不过,前者是客观推测性意见,后者是主观评价性意见。(如图6-1)

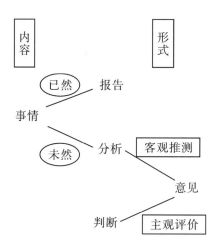

图6-1 三种陈述方式之间的关系

想一想,以下分别属于哪种陈述方式?

第一组:

> 今天温度为零下5摄氏度。
>
> 气象台预报说:明天温度为零下5摄氏度。

第二组:

> 他好像的确生气了。
>
> 他涨红了脸,提高了嗓门,一拳砸了下去。
>
> 他是个脾性急躁的人。

---

① 报告所陈述的是"事实",推论所陈述的只能是"事情"。"事实"与"事情"在报告的层面可以混用,但是在推论的层面不可以混用,因为"事情"的含义比"事实"宽泛。(陈嘉映:《说理》,上海文艺出版社2020年版,第358-361页)"事实"只能运用于已经或正在发生的状态,换言之,只能用于现在时态或过去时态;但是,"事情"不但能用于现在时态或过去时态,也可以用于将来时态,"我们可以很有把握地推测曾经发生过某件事情,预期某件事情将要发生,但我们不能把这些当作事实,用作证据"(同上,第359页)。不过,陈嘉映认为"事情有时态而事实没有时态"(同上,第360页),我不敢苟同。比如,"他正在打人",这是事实但也是现在时态。

第三组：

　　运动会将于 8 月 8 日晚上 8 时 08 分举行开幕式。
　　运动会定于 8 月 8 日晚上 8 时 08 分举行开幕式。

第一组第一句是报告，今天是不是零下 5 摄氏度是可以核实的；第二句也是报告，因为气象台有没有预报，这是可以核实的。

第二组第二句是报告；第一句是分析，因为很明显，"好像""的确"都是在揣摩，也就是未知情况；第三句是对人的个性的评判，有价值判断的成分在里面。

第三组第一句是推论，因为事情发生在将来，就总有变数和不确定性在其中，属于未知情况；第二句是报告，因为"定于"是"决定于"的缩写，至于有没有做这个决定，是可以核实的，所以是报告。

三、事实判断与价值判断

三种陈述方式背后的理论支撑是基于事实判断与价值判断的二分。通俗地说，就是事实与意见之间的区别。需要说明的是，本节所言的"判断"是在一般语词意义上使用的，而非三种陈述方式中的"判断"。

事实判断是关于事物的描述性判断，有真假之分；价值判断是有关主体态度的评价性判断，无真假之别。（见表 6-2）

表 6-2　事实判断与价值判断的对比

事实判断	价值判断
中国是一个亚洲大国	中国是一个亚洲强国
这个桌子是圆形的	这个桌子是难看的
我们学校今年被北大清华录取的毕业生有 5 人	我们学校今年被北大清华录取的毕业生有 5 人之多
	我们学校今年被北大清华录取的毕业生不过 5 人而已
与第六次全国人口普查相比，中国劳动年龄人口减少了 4000 多万人	中国老龄化形势十分严峻
	中国的人口红利并未消失

在表 6-2 中，左边的事实判断都是陈述方式中的"报告"，都是可以核实的，必然有真假，二者必居其一。而右边的价值判断都是陈述方式中的"判断"，见仁见智，无所谓真假，萝卜咸菜，各有所爱。所以说，事实判断是神圣的，我们对事实需要有敬畏之心；价值判断是自由的，我们对价值需要有包容之心，胡适说过，"宽容比自由更重要"。

以焚书坑儒为例。你说"秦始皇没有焚书，也没有坑儒"，这就是个事实判断，因为历史文献对焚书坑儒都有记载，所以这种说法是不符合历史事实的，是错的。说"秦始皇焚书三千、坑儒三百"，这也是个事实判断，理论上这其中的数字是可以验证对错的。清初诗人陈恭尹依托黄石公（秦汉时隐士，亦称"圯上老人"）桥下授张良兵法的故事写道："夜半桥边呼孺子，人间犹有未烧书。"① 钱钟书也认为，"民间《诗》《书》，未必能家摧而户烧之，燔余烬遗，往往或有"②。这些都是事实判断，不过后者表现为推论形式而已。

焚书坑儒到底是该被挞伐还是该被歌颂，到底是性质严重还是不严重，或者说它的伟大历史意义抑或巨大历史教训到底是什么，这就是一个价值判断问题。郭沫若在 20 世纪 40 年代就曾激烈否定焚书坑儒，他说："春秋末叶以来，蓬蓬勃勃的自由思索的那种精神，事实上因此而遭受了一次致命的打击。"③ 这就是价值判断。

而且，随着外部环境和个体认知的变化，同一个人会可能在不同时期对同一事情做出不同的价值判断。像郭沫若在 40 年代那么否定焚书坑儒，到了 60 年代初却对焚书坑儒做出新的正面评价：

以焚书而言，其用意在整齐思想，统一文字，在当时实有必要。然始皇所焚并不多，书多藏在官家，民间欲学书者可就官家学习，此犹今之图书馆也。④

上述已经烛照出价值判断与事实判断的天壤之别了。事实判断是唯一

---

① 转引自钱钟书《咏始皇》，见《谈艺录》，商务印书馆 2011 年版，第 612 页。
② 钱钟书：《管锥编》，生活·读书·新知三联书店 2007 年版，第 432 页。
③ 郭沫若：《郭沫若全集·历史编第二卷·十批判书》，人民出版社 1982 年版，第 445 页。
④ 郭沫若：《郭沫若全集·文学编第十六卷》，人民出版社 1989 年版，第 315 页。

的，而价值判断却是多元乃至时而发生变化的。

就两者关系而言，事实判断是价值判断的基础，享有绝对优先性，因为若事实判断有误，价值判断便是无本之木，无所依托。现在网络中的一些评论，就是犯了价值判断先行于事实判断的大忌，站在一个道德或意识形态制高点上指指戳戳，殊不知其连事实真伪可能都还没有搞清楚，"盖知作史当善善恶恶矣，而尚未识信信疑疑之更为先务也"①。

比如，"小李帮小张做暑假作业"，这是一个具体事实，可以通过调查进行核实，是事实判断。如果确定为真，那么，我们就开始七嘴八舌进行价值判断了：有的认为这很好，因为暑假作业很多都很无聊；有的认为这不好，因为这是欺骗老师的行为。

无论好还是不好，都并不是在指向现实存在的具体对象，并不是在判断"小李帮小张做暑假作业"这个陈述是真是假，并不是在进行事实判断；而是在基于事实为真的假设前提下，去评价一个事实，是置于事实之上的一种态度和评价，是在进行价值判断。那么，如果事实判断也就是评价的假设前提为假，价值判断立马堕为信口雌黄。

为此，价值判断要和事实判断相结合。先进行事实判断，然后再进行价值判断。

例

> 周总理是一生勤勤恳恳、任劳任怨工作的人。他一天的工作时间总超过十二小时，有时在十六小时以上，一生如此。②

"勤勤恳恳""任劳任怨"是价值判断，后面的工作时间是事实判断，价值判断和事实判断完美结合。

再追根溯源，事实判断和价值判断背后的理论依托是什么呢？是现象界与本体界。

不过，为便于理解，我们先简明扼要地从康德的感性、知性、理性开始说起。③

---

① 钱钟书：《管锥编》，生活·读书·新知三联书店2007年版，第418页。
② 邓小平：《邓小平文选（1975—1982）》，人民出版社1983年版，第307页。
③ ［德］康德著，邓晓芒译：《纯粹理性批判》，人民出版社2017年版。

感性就是这样一种能力,即人们通过空间和时间这一先天形式而形成对事物(康德谓之"物自体",又名"自在之物")的直观认识,其所得为"现象"。但是,这种感性所获得的认识是杂多、片段、局部的,需要经过知性范畴这一先天形式来进行整理、综合,使得认识具有系统性。知性所形成的是"判断",是具有一般性、普遍性、必然性的知识。不过,感性和知性所作用的对象是现象界(物质世界),是人类能够感知和经验的世界。一旦超越了现象界,感性和知性也便失效了,比如,与现象界相对的本体界。

什么是本体界?就是人类能够思考而无法感知和经验的超验世界,比如,上帝、灵魂、自由等,已经超越了现象界。为此,认识本体界就不能再运用感性、知性,而必须运用理性。理性是认识的最高阶段,但是,不同于感性、知性,理性没有先天形式,而只能借用知性的范畴来进行推理,其所得为"理念"。这是康德在为知识限制范围,知识属于现象界,有对错之分,具有唯一性;在为信仰留下地盘,信仰属于本体界,有认同与否之别,不具有唯一性。

那么,回到事实判断和价值判断上来,那就是,人们认识现象界,运用事实判断;人们领悟本体界,运用价值判断。当然,这两种判断并非截然分开,而且人们在实际认识过程中也难以将它们截然分开。所以,事实判断背后总难免有价值判断的影子,价值判断背后总难免有一定的事实判断作为支撑。

就二者关系而言,事实判断是价值判断的基础,否则,基于事实判断谬误的价值判断无异于无本之木、无水之源。而事实判断又需要经历感性、知性两个阶段。然而,"知性"在有些人的思维习惯中往往是缺失的,尽管它本是人类认识历程中不可缺少的一个环节。其结果就是直接由感性到达理性,或者说,由跛脚的事实判断直接诉诸价值判断。比如,"这人一看就不是好人"。但是,价值判断一旦在现实中不断地被强调、重复,又有变成事实判断的可能,正如希特勒的宣传部长戈培尔所说的,"谎言重复一千遍就成了真理"。

四、纪实写作的陈述原则

为保持客观性,纪实写作需要尽可能地把判断转化为报告。

就采访而言，尽量引导访谈者将判断转化为报告，以便挖掘更多的内容和细节。

例

一位大一学生接受采访时说："今年有很多我们不喜欢的课。"

记者问："什么是学生们不喜欢的课？"

大一学生答："不喜欢的课就是没有同学们愿意坐前两排的课。"

这就使访谈成功地从判断领域转到报告领域。

就写作而言，应尽量把判断转化为报告，免得越俎代庖或者"背锅"，承担了我们本不必承担的责任。同时，纪实写作需要尽可能地消除推论和判断，多用报告。

例

小张和小红的关系有些不寻常，经常卿卿我我，暧昧得很。看来，小张是个朝秦暮楚的人。

"不寻常""卿卿我我""暧昧"都是推论，"朝秦暮楚"是判断。整个句子没有一个报告。

例

今天下班后，我看到小红手挽着小张的胳臂，有说有笑，一道步入电影院。

这是报告，把时间、地点、人物一一报告出来，没有推论，也没有判断。通过这个例子，当然也包括前面所引的报告案例，我们可以看到报告的优势在于展示事实。

总体来说，纪实写作的基本陈述原则是，多报告，少推论，慎判断。如果非要给出一个三者的大致比例的话，那么，报告占篇幅的85%左右为宜，分析占10%左右，判断占5%左右。

下面我们具体分析两篇新闻报道。

报道一：

近日记者到丽都广场附近采访时，看见马路对面的人行道上有对母子轻松惬意地散步，母亲扎着一个花头巾，戴着太阳镜，看着十分面熟。她亲热地搂着儿子的肩膀，一边走一边小声地说着话，一会她露出了甜甜的笑容，这个笑容让记者马上想起来她就是主演过《疯狂的代价》《香魂女》等影片的女演员。（请思考一下，我们可以怎么"救救"这位记者？）

简析如下：

近日记者到丽都广场附近采访时（报告），看见马路对面的人行道上（报告）有对母子（推论，而且这是陈述方式的误用，即，将"推论"写成了"报告"）轻松惬意（判断，修饰性形容词表达的都是主观评价性意见，什么是"轻松"、什么是"惬意"？见仁见智，属于判断）地散步（报告），母亲（报告的误用，如前所述）扎着一个花头巾（报告），戴着太阳镜（报告），看着十分面熟（推论）。她亲热（判断）地搂着（报告）儿子（报告的误用）的肩膀（报告），一边走一边小声地说着话（报告），一会她露出了甜甜（判断）的笑容（报告），这个笑容让记者马上想起来她就是主演过《疯狂的代价》《香魂女》等影片的女演员（推论）。

怎么"救"这个记者？很简单，记者可以上前大喊一声女演员的名字，如果她不自觉地答应了，就可以初步确认；否则，就需要再确认。但是，这位记者并没有这样做，只是在尾随，在猜测，在进行报告的误用。这篇报道是不成功的，从陈述方式角度而言，不成功之处在于报告比重过低，推论比重过高。

报道二：

绝对是让人眼前一亮的美女！她身高1.72米，气质高雅、聪慧而纯真，一双水灵灵的大眼睛会唱歌，一口普通话字正腔圆，跳起舞来那就更不用说了，舞姿曼妙，婀娜动人。当听完她的自我介绍之后，你会不由自主地发出慨叹："上帝真是太不公平了，怎能把所有优点全都集中在一个人身上？"真是一个不受尘世污染的"乖乖女"，脸上始终挂着毫不做作的真诚微笑，语速从容，语调柔和，显得彬彬有礼，很有教养，演艺圈中许多明星暗星身上的那些轻浮、虚伪、矫情、扮酷、无知、浅薄、粗俗、骄蛮……居然丝毫不染！（请思考一下，我们可以怎么"救救"这篇新闻报道？）

简析如下：

　　绝对（判断，而且是极端判断）是让人眼前一亮的美女（判断）！她身高1.72米（报告，身高有没有1.72米可以核实，而且这个报告也不足以支撑前面的判断，因为一个人好不好看跟身高没有必然联系），气质高雅、聪慧而纯真，一双水灵灵的大眼睛会唱歌，一口普通话字正腔圆，跳起舞来那就更不用说了，舞姿曼妙，婀娜动人（前面全部属于判断）。当听完她的自我介绍之后（报告），你会不由自主地发出慨叹："上帝真是太不公平了，怎能把所有优点全都集中在一个人身上？"（推论，没有任何根据，凭什么就知道"你会不由自主地发出慨叹"？）真是一个不受尘世污染的"乖乖女"（判断），脸上始终挂着（报告）毫不做作（判断）的真诚（判断）微笑（报告），语速从容（判断），语调柔和（判断），显得彬彬有礼（判断），很有教养（判断），演艺圈中许多明星暗星身上的那些轻浮、虚伪、矫情、扮酷、无知、浅薄、粗俗、骄蛮……居然丝毫不染（判断）！

看完这篇报道，跟这位"美女"给读者留下的印象（除了身高外，读者也难以从文字中获得什么印象）相比，倒是作者在"美女"石榴裙下面的匍匐状令人印象更深刻。231字的有限篇幅，判断占据了压倒性优势。这算得上一篇好情书，但绝对算不上一篇好报道。这在另一方面也提醒我们：判断更适合放到情书里，当然，是否能打动芳心则不在讨论之列；判断不适合放到报道里，因为至少它导致文字人失去了应有的独立。那么，怎么"救救"这篇新闻报道？方法之一是设法把判断转化为报告。倘若现场也有跟作者一样为该"美女"所迷的评委并且其做了如是评价的话，不妨加上评委的名字，或者至少如一些无良文人那样移花接木，冠之以"某评委说"（虽然无良，但到底还是给文字人留了一些面子）。

同样写美女，我们再来从陈述方式的角度评判下面这首汉乐府诗：

陌上桑

行者见罗敷,下担捋髭须。
少年见罗敷,脱帽着帩头。
耕者忘其犁,锄者忘其锄。
来归相怨怒,但坐观罗敷。①

通篇没有一句如上述报道那样正面描写罗敷,更没有一句判断。相反地,通篇是侧面描写,均通过报告的形式完成。两相比较,高下立判。为什么?无非前者被判断垄断,后者以报告为主使然。

---

① 朱东润主编:《中国历代文学作品选》(上编第一册),上海古籍出版社 2002 年版,第 364-365 页。

第二部分 纪实写作

第七章　纪实写作

文以纪实，浮文所在必删；言贵从心，巧言由来当禁。（洪仁玕《戒浮文巧言谕》）

本书更倾向于使用"纪实写作"而不是"非虚构写作"。"非虚构写作"（non-fiction writing）一词源于西方，该概念在西方语境中有广义与狭义之分。狭义的非虚构写作就是纪实写作，而广义的非虚构写作则指小说等虚构文学作品以外的所有写作，比如，学术论文写作也在非虚构写作之列。

纪实写作是一种记录现实的写作，以真实为前提，或者说，真实是纪实写作的价值所在。为此，我们首先讨论什么是纪实写作所面对的真实，然后再从故事、内容、形式三个方面讨论纪实写作。

一、什么是真实？

要谈论纪实写作，首先必须直面"真实"这个概念。而"真实"作为概念之复杂远非本书之所能尽，为此，这里将在日常意义上来探讨一下何谓真实。

"真实"，《现代汉语词典》的解释是"跟客观事物相符合"[1]。但这与其说是定义，毋宁说是目标。不过，认识到真实之事实上可望而不可即，有利于我们在纪实写作中保持谦卑。

首先，真实须经历这样一个过程，那就是，外在客观事物形之于感官，经由认识形成"现象"；运用文字忠实地记录现象，即"纪实写作"。

---

[1] 中国社会科学院语言研究所词典编辑室：《现代汉语词典》（第5版），商务印书馆2009年版，第1730页。

所以，我们能够做到的真实，充其量只是现象的真实，跟现象吻合；而非面对客观事物本身的真实，跟事实吻合。认识到这一点，是为了让我们明晰，作为纪实写作基本要求的真实具有相对性，事实唯一，现象万千。具体到纪实写作实践中，与其追求真实地记录事实，毋宁追求忠实地记录现象。

比如，著名学者梁漱溟和冯友兰二人均已作古，但是有关他们俩在冯友兰九十寿宴事情上的联络记录有别。梁漱溟的儿子梁培宽和冯友兰的女儿宗璞据称当时都各自在场，也就是说经历了同一个事实，听到的是同一次通话。不过，梁培宽和宗璞却看到了不同的现象，形成了不同的记录。

梁培宽的记录是这样的：

> （1985年）11月21日。宗璞女士代表冯先生，电话邀请先父出席家宴，当即为先父拒绝。同日先父即写寄冯先生一信，说明拒绝赴宴的原因是"实以足下曾诣媚江青"；这是电话中不曾言明的。……先父接到邀请赴宴电话时，笔者恰在一旁。只听他一再重复说"不去""我不去"，且面带恼怒之色。最后再次厉声说出"我不去"三字，随即重重地挂上话筒，似未容对方将话再说下去。①

宗璞的记录是这样的：

> 筹办这次宴会时，父亲提出邀梁先生参加。我向政协打听到地址，打电话邀请，梁先生亲自接电话，回答是不能来，天冷不能出门。我也觉得年迈之人确不宜在寒冬出门，道珍重而罢。
>
> 数日后，父亲收到梁先生一封信，信只有一页，字迹清晰有力，大意是北大旧人现唯我二人存矣，应当会晤，只因足下曾诣媚江青，故我不愿来参加寿宴。②

其次，人的认知能力有限，可是，客观事物是复杂的。所以，我们对事物的认识，总是局部、不全面、不完整的，"横看成岭侧成峰"，我们只能在特定角度层面做到真实，而且是现象的真实。记得小时候看盲人摸象的故

---

① 梁培宽：《冯友兰先生与先父梁漱溟交往二三事》，《博览群书》2002年第9期。
② 宗璞：《旧事与新说——我的父亲冯友兰》，新星出版社2010年版，第104页。

事,很为盲人之盲而徒呼奈何,俨然作为目明人如我,一眼之间即将大象的完整样子尽收眼底。但是,等后来到新闻单位工作,笔者才越发感到我们对现实的认识其实都是盲人摸象,就是说,我们都只能或摸到大象的牙齿,或摸到大象的耳朵,或摸到大象的鼻子,或摸到大象的腿……换言之,我们都只能在特定的角度、特定的点上做到真实、客观。就事实的全部,我们是不可能将之尽收眼底的。这反过来提醒我们在进行纪实写作时,只能就我们所见所闻所感而写,看到树叶就写树叶,看到红花就写红花,而不要如盲人摸象那样,自以为是地以点代面,以偏概全,以为自己看到了一片森林。

再次,什么样的价值观决定我们将看到什么样的真实。价值观基于我们受过的教育、读过的书、走过的路、交往过的人而形成,教育、书、路、人之不同,决定了价值观的万紫千红;而且,价值观还会随着时间、空间的变化而变化。也许可以东施效颦地说,世界上很难找到价值观完全相同的两个人,尽管他们可能会在基本价值观层面存在共享。这样,当面对同一个事实时,价值观决定了人们将自觉或不自觉地从什么角度来看事实,价值观不同决定了人们所看到事实的不同。同样是水,孔子看到的是"逝者如斯夫,不舍昼夜"[1];孟子看到的是"水信无分于东西,无分于上下乎?人性之善也,犹水之就下也"[2];老子看到的是"上善若水"[3]。类似地,一部《红楼梦》,如鲁迅所言:"经学家看见《易》,道学家看见淫,才子看见缠绵,革命家看见排满,流言家看见宫闱秘事。"[4] 凡此种种都是对现实的描述,或者说,都可谓"真实",却是不同价值观的人们所建构的不同"真实"。意识到这一点,能让我们在纪实写作中对不自觉的价值观保持反思,对自觉的价值观导致的有意识偏倚部分保持警惕。

综上所述,我们可以看到,日常所言的"真实"只可能是现象层面的真实,局部的真实,特定价值观框限下的真实。

正因如此,我们对真实要怀有敬畏之心、谦卑之心,尤其下列三类"伪真实"要不得。

---

[1] 《论语·子罕》,〔清〕刘宝楠撰:《论语正义》,中华书局1990年版,第349页。
[2] 《孟子·告子上》,〔清〕焦循撰:《孟子正义》,中华书局1987年版,第736页。
[3] 〔三国魏〕王弼注,楼宇烈校释:《老子道德经注校释》,中华书局2008年版,第20页。
[4] 鲁迅:《鲁迅全集》(第8卷),人民文学出版社2005年版,第179页。

（一）虚构

纪实写作离不开讲故事，但是，编故事不行。纪实写作本就是"非虚构"写作的一种。2019年1月29日，微信公众号"才华有限青年"推送了一篇名为《一个出身寒门的状元之死》的文章，后来被证实为虚构：

> 主人公2013年高考，高中看过《灵魂摆渡》，而《灵魂摆渡》2014年才上线。
>
> （主人公）693分的总分拿下了市理科状元，而2013年四川省的理科高考各市最高分为707分，且不存在693分的考生。
>
> （主人公）像个在接受诺贝尔奖的数学家，诺贝尔奖没有数学奖。①

纵然如此，该公众号回应称：

> 文章不是新闻报道，这是一篇非虚构写作，故事背景、核心事件是绝对真实的。为了保护文中当事人、当事人家属和其他同学、老师的信息，在细节上，我们做了许多真实情况的模糊化处理。包括学生省份、一些细节的时间线、分数、公司、原本的照片等等。文章很重要，但保护当事人更重要。②

虚构在前也就罢了，而回应言之凿凿很可怕，因为新闻报道与非虚构写作在恪守真实这一点上没有任何不同。

（二）截取

截取在微信时代很流行，因为在这个时代里，人人都是写作者，人人都可以纪实。只是纪实时而成为手段而不是目的，从而导致有些写作者乐于截头去尾，成就一己之私。这种也符合我们刚才说的局部真实，但写作者有意

---

① 孔令晗、付垚：《一个出身寒门的状元之死被屏蔽 此前被质疑内容虚构》，2019年1月30日，见新浪科技网：https://tech.sina.com.cn/i/2019-01-30/doc-ihqfskcp1683937.shtml。

② 才华有限青年：《这是真实故事和咪蒙独立运营》，2019年1月30日，见腾讯网：https://new.qq.com/cmsn/20190130/20190130008285.html?pc。

识地把局部真实从更大的背景中截取出来，孤立起来，以传递不同的意义。如陈嘉映所言："截取的角度、长度、密度不同，从同一件事情可以提供出颇不相同的事实，有时甚至会'歪曲事实'；呈现出来的不是事情的原貌，而是扭曲的面貌。"①

例如，2011年12月26日，时任北京大学校长周其凤说："美国的教育是一塌糊涂。"这句话够有轰动效应，但其实是被断章取义了。这句话的前后原本是这样的："它有它好的地方。怎么讲？美国的教育对于培养合格或者说优秀的美国公民，这是很成功的，因为美国培养了那么多人才，把美国建成为这么一个很霸气的强国。但是如果是从我们现在是个地球村，在培养世界公民这个角度来说，我认为美国的教育是一塌糊涂。"②

（三）偏倚

偏倚就是有意识地偏袒事件中的某一方。不过，偏倚又是一种客观存在。首先，人是社会的产物，也就是说，在纪实之前，纪实者在社会化过程中已经形成含有自身的概念地图，从而不可避免地影响其对现实的记录。其次，当一个事件处于共识区或背离区时，偏倚属于正常现象。Hallin 将社会事件分为三个区域，即，共识区（sphere of consensus）、合理争议区（sphere of legitimate controversy）、背离区（sphere of deviance）。③ 共识区就是有利于提倡和弘扬社会基本价值取向的事件区域。比如，尊老爱幼、遵纪守法、公而忘私、勤政为民等价值观都是社会的共识区。合理争议区适用于那些争议属于正常且合理，抑或带有灰色地带性质的事件。比如，比赛中对哪一方将胜出的争议、法庭中控辩双方的争议、自我防卫是否属于正当的争议、两性关系是否属于性侵的争议，等等。背离区指的是违背或挑战社会共识尤其是政治精英阶层价值理念，被认为应该挞伐的事件区域。比如，吸毒、家暴、结党营私，等等。

不同于共识区、背离区，合理争议区需要避免偏倚，"这个区域为客观

---

① 陈嘉映：《说理》，上海文艺出版社2020年版，第363页。
② 叶铁桥：《北大校长演讲遭"标题党"拆解》，《中国青年报》2011年12月26日第7版。
③ Daniel C. Hallin, *The "Uncensored War"*. New York & Oxford: Oxford University Press, 1986, pp. 116–118.

与平衡这（两大）新闻业最高美德所支配"①。尽管如此，偏倚还是很容易发生在那些有争议事件的纪实写作中。此处以 2020 年一起养父"性侵"养女案为例来说明。机构媒体 A 微信公众号一边倒，通篇只有养女的说法，没有采访养父，甚至连警方也没有采访。相反地，机构媒体 B 走向另一极端，通篇是养父一方的说法——"恋爱关系"，写成一个自小缺少关爱的女孩向养父寻求安全感的故事。在这起争议性事件的报道中，这两家机构媒体都犯了偏倚之大忌。

二、讲故事

纪实写作热衷于讲故事：

> 我们今天说的特稿，它本质上在讲故事，呈现一个状态，用语言做一个纪录片。②

经济学家赫伯特·西蒙（Herbert Simon）曾说："随着信息的发展，有价值的不再是信息，而是注意力。"那么，讲故事无疑是吸引人们注意力的有效手段之一。这可能也是纪实写作如今勃兴的一大原因所在。

讲故事的范本不是别的，正是那些世界文学经典，比如，《哈姆莱特》《巴黎圣母院》《德伯家的苔丝》《少年维特之烦恼》《红与黑》《约翰·克利斯朵夫》《高老头》《荆棘鸟》，当然，还包括我国的四大名著，以及鲁迅等人的著作。这些文学巨匠都是讲故事的高手，这些文学经典就是学习讲故事的最佳教材。

怎么讲好故事是一个涉及面很广的话题，这里只摘取一二略述之，即，故事思维、小切口、人性化。

（一）故事思维

讲故事需要故事思维。就故事思维而言，管理学上的 SCQA 框架值得借

---

① Daniel C. Hallin, *The "Uncensored War"*. New York & Oxford: Oxford University Press, 1986, p.116.

② 从玉华：《再广大的悲伤，也比不上一个小人物具体的悲伤》，见周逵编著《非虚构：时代记录者与叙事精神》，清华大学出版社 2017 版，第 1 页。

鉴，它清晰地界定了故事中的不同元素，有助于我们在纪实写作中对故事的构思。

S（situation）代表情境。揭示故事发生的背景、生活的常态，以旧带新，以便读者产生代入感；

C（complication）代表冲突。打破常态的稳定性，揭示现实的张力与威胁，让人意识到焦点所在；

Q（question）代表提问。通过提问产生转折，引起不安全感，从而自然地追问"面对威胁该怎么办"，类似于前文所说的"悬念"；

A（answer）代表回答。解决提出的问题，消除威胁，让故事有头有尾。

例

> 小鱼想出国留学，她这样跟爸爸妈妈说：我想出国……
>
> 话还没说完，爸爸就打断了她：出什么国，现在国外种族歧视这么严重，尤其针对亚裔的，还出什么国。

学了SCQA框架后，小鱼后来这样跟爸爸说：

> 大学都快毕业了，感觉还是有很多东西需要学。（背景，也容易得到爸爸的共鸣）
>
> 马上就要找工作，我好像没有什么"绝技"能拿得上台面，但也不能大学毕业了还待在家里，让老爸你养着呀。（冲突，与现实冲突，也与中国人好面子的文化冲突）
>
> 老爸，你说怎么办？（问题）
>
> 我好多同学跟我类似，但是他们都选择出国读书去了。我也想出国，你说呢？（答案）

通过SCQA框架的组织，故事感就出来了。不过其中最关键的是"冲突"，所有的故事都应该围绕"冲突"来展开。甚至可以说，无冲突，无故事。这一点在下文还会详述。

纪实写作过程中，使用SCQA框架有助于我们打开思路，提高讲故事的水平和能力。当然，四个步骤是可变的，四个元素也不是都要出现的。

（二）小切口

纪实写作往往聚焦于"小"，也就是俗称的"小切口"。不过，切口小，却有大的关照在里面，就是我们常说的，"一滴水中见太阳"。通过小的切口进入，支撑的是大的时代关怀，反映的是大的时代格局。苏童说：

> 面对这个伟大的时代，我们能做的是记录，记录这片海洋的每一个浪花、每一次潮汐、每一块礁石、每一只海鸥，还有海上那皎洁的月光、渔船的出行和归航等等。虽然这些不一定能够代表时代的全貌，但却代表了我们能够捕捉到的时代表情，写作者能做到这些就足够了。①

而且，切口小，就必须往深里挖掘，只能在深度上做文章。

纪实写作的小切口大体有以下三类。

1. 大事件中的小人物

不采用那种大开大合的宏大叙事，而是着力于宏大叙事中的小人物的命运，或者说，通过对小人物的纪实来折射宏大叙事，比如《永不抵达的列车》。对2011年7月23日温州动车追尾特大事故，当其他媒体都热衷于大场面、大叙事时，这篇稿件却反其道而行之，通过两个普普通通的同在这场事故中身亡的大学生来折射这场灾难对普通人和普通家庭的毁灭性影响。正如那句流行语："时代的一粒灰，落到个人头上就是一座山。"

2. 大人物的小事件

大人物本身就具有新闻性，但是，纪实写作更偏爱大人物作为普通人的一面，而不是那种高不可攀的领袖风范。典型如盖伊·特立斯的《王国与权力》，在该书中，那些《纽约时报》的总编有血有肉有个性，宛若就在你我中间。② 笔者在这里特别推荐盖伊·特立斯，这位新新闻主义代表人物的纪

---

① 肖煜、吴安宁、张宇昊：《苏童：小切口叙事书写大时代》，《河北日报》2019年8月19日第6版。

② ［美］盖伊·特立斯著，张峰、唐霄峰译：《王国与权力》，上海人民出版社2016年版。

实作品可以说没有一本让人失望。①

3. 平常日子里的小人物

生活中还有很多反人性的反常现象，这些现象就发生在平常日子里，乃至司空见惯到被我们忽视，或者压根就从来没有机会进入我们的视野。但是，一旦见诸笔下，这些现象往往就有震撼的效果。比如《四平方米的家》。

（三）人性化

因为是讲故事，所以纪实写作特别讲求人情味。什么是人情味？有人性化的东西最有人情味。什么是人性化？以人为本，对人的尊严与需求的尊重，对生命的尊重，体现了人是目的。人性化的写作都是通往人心最柔软的地方。

例

> 已经抵达温州境内的朱×同时也给室友发了一条短信："我终于到家了！好开心！"
>
> 这或许是她年轻生命中的最后一条短信。
>
> 10 分钟后，就在温州方向双屿路段下岙路的一座高架桥上，随着一声巨响，朱×和陆××所乘坐的、载有 558 名乘客的 D301，撞向了载有 1072 名乘客的 D3115。②

> "我在摸右乳，跟它对话。我的最后一个乳房要告别我了，仅有的一个乳房要告别我了。……我一直把手放在右胸上，直到到手术前脱衣服，才拿开。等我醒来，发现手上有个紫色的印记，是右胸上的标记，心里很触动，这是乳房给我的一个'吻'。"她哭了，

---

① 除了《王国与权力》外，特立斯的另外两本纪实作品《被仰望与被遗忘的》（范晓彬、姜伊敏译，上海人民出版社 2016 年版）、《邻人之妻》（木风、许诺译，上海人民出版社 2017 年版），也非常值得一读。

② 赵涵漠：《永不抵达的列车》，《中国青年报》2011 年 7 月 27 日第 12 版。本书在引用时对人名做了匿名处理。

无法抑制。①

纪实写作因为对人性的张扬而本质上是温暖的，拒绝官话、套话、神话。官话、套话、神话有违纪实写作的人性化诉求。相反地，纪实写作更多根植于寻常百姓生活，讲的是普通人的故事，或者是不普通人的普通一面，书写人生的挣扎起伏，讲述人生的酸甜苦辣。为此，纪实写作需要深入采访对象的内心世界，需要运用同理心，对故事本身有一定的情感代入与体验。一言以蔽之，纪实写作是一种人性化的记录，因为张扬人性而成为有温度的记录，有血有肉的记录。

三、纪实写作的内容

纪实写作的内容主要就是抓冲突、抓变化、抓细节。

（一）冲突

冲突构成事件的基本特征，也是前述故事思维的核心，它是矛盾由量变积累到质变的结果与产物。如霍布斯鲍姆所言：

> 社会冲突代表了社会结构中最具戏剧性的成分，无疑，它们代表社会结构已到了绷紧将近断裂的关键时刻。而也在这个断裂的时刻，一些隐晦而重要的问题才有可能明显化。②

冲突在现实中可谓无处不在，性质各异。比如，根据冲突主体不同，可以分为人与人的冲突、人与环境的冲突；人与人的冲突又可以分为个人冲突和群体冲突。根据冲突性质不同，可以分为政治冲突、军事冲突、外交冲突、文化冲突；肢体冲突、语言冲突、心理冲突；生与死的冲突、情与理的冲突、愿望与现实的冲突；目标冲突、利益冲突、感情冲突、价值观冲突；等等。

"冲突"是纪实写作的核心要素，只有围绕冲突来讲述，纪实写作才可

---

① 张维、蒋玮琦：《失去乳房与癌共处》，2017年5月17日，见澎湃新闻：https://www.thepaper.cn/newsDetail_forward_1685459。
② ［英］霍布斯鲍姆著，黄煜文译：《论历史》，中信出版社2015年版，第136页。

能产生强烈的故事性而吸引人。为此,展示冲突是纪实写作的着力点。(见表7-1)

表7-1 冲突的种类举例①

冲突的种类	冲突的内容
现状与说法冲突	(女儿)奄奄一息的时候,照片、头像离奇地出现在各大视频网站、论坛、社交媒体上,说她已经重获新生。
个人与组织冲突	气不过的父亲把这家保健公司告上法庭。
愿望与事实冲突	你猜结果是什么? 官司输了。
疾病与肌体冲突	8个月后,越来越大的肿瘤瘤体把她的皮肤顶破,伤口溃烂不堪,她在痛苦中离世。
现状与责任冲突	死前,连一个道歉都没有得到。

具体写作上,主要抓住这两点来表现冲突;突出冲突,即,围绕冲突做文章。

(二) 变化

纪实写作需要抓变化,尤其是那种转折性的变化,也就是作家柳青所说的"人生岔道口":

> 人生的道路虽然漫长,但紧要处常常只有几步,特别是当人年轻的时候。没有一个人的生活道路是笔直的,没有岔道的。有些岔道口,譬如政治上的岔道口,事业上的岔道口,个人生活上的岔道口,你走错一步,可以影响人生的一个时期,也可以影响一生。②

没有一个岔道口没有故事,没有一个岔道口不对人生构成重大影响。这些岔道口标志的往往是主人公相关的社会转折或命运转折,都值得写作者关注和记录。

---

① 表中例句源于某知名自媒体报道。
② 转引自路遥:《人生》,十月文艺出版社2012年版,扉页。

有的是社会的转折降临到每个个体的头上，从而使他们的人生轨迹发生变化，比如，"非典"疫情、汶川大地震、新冠感染疫情。

此处以 2008 年汶川大地震时受伤的女孩橙子为例：

> 出院以后，曾在一家公益组织上过一阵子班，和残障人一起工作。后来，她又离开家，一个人去到了德阳，在一家旅行公司做基础行政，周围都是健全人。
>
> 下雨天，上班路上摔倒了，最开始还没掌握靠自己爬起来的方式，没有人扶，橙子就只能坐在雨地里。之后，橙子就开始在家独自练习，倒下了怎么靠自己爬起来。
>
> "就像小孩子重新学走路一样。"
>
> 公司的厕所只有蹲便，因为没有膝盖，一开始橙子学不会蹲下，白天就坚持不上厕所，久而久之也养成了喝水很少的习惯。
>
> 很长一段时间内，橙子习惯把义肢藏在长裤下面，再穿上帆布鞋。
>
> 夏天是难熬的，义肢的接受腔外面再包裹一层裤子更是闷热。腿部留下的汗水会积蓄在接受腔里，一坐下就流到身上。
>
> 2017 年的时候，橙子终于开始尝试裸穿义肢。①

对橙子来说，那场地震彻底地改变了她的个人生活。幸运的是，她活了下来；不幸的是，她成了残疾人。这种变化给橙子带来的改变是全方位的，生计、前途、心理上的诸般改变一齐袭来。那么，这种变化就应该浓笔重墨，以展示社会变化与个体变化的相互影响和交织。

有的是个体命运的变化，使得人生前后迥别。

比如《歌者姚×娜的最后一周》：

> 1 月 9 日上午，在 ICU 病房外，（姚×娜的父亲）姚某将姚×娜的同名专辑《姚×娜：小头发》，替女儿送给了姚医生。
>
> 听过姚×娜唱歌的人一定知道她拥有漂亮的高音，但不一定知道在这样激越的嗓音下，这个女孩经历过的人生的跌宕起伏。看着

---

① 陆晓恺：《从花季到而立：一个四川女孩的劫后余生》，2020 年 5 月 12 日，见微信公众号"偶尔治愈"：https://mp.weixin.qq.com/s/kq0z_r_dsrAdn89xNuZDmw。

站在舞台上高歌的她,谁能想到这是一个身患乳腺癌的女子。这两年,她内心那个曾被禁锢的小宇宙又重新迸发,音乐事业实现了破茧成蝶的蜕变。

不幸的是,病魔再次向她伸出了双手:乳腺癌复发。①

通篇围绕变化做文章,让变化前后始终交织在一起,不断切换,给人今昔对比、沧海桑田之感,令人唏嘘不已。

有的是事件态势的变化,从而导致与该事件相关者的人生变化。

例如《"聂×斌冤杀案"悬而未决》:

10年前,未满21岁的聂×斌被枪决了。10年间,他的家人接受了公检法三方共同认定的事实:1994年夏秋之交,聂×斌在一片玉米地中奸杀了一名38岁的女子。这位康姓被害女工当时正骑车途经此地。

…………

所有情势的突变来源于一个残酷的发现。2005年1月,被捕的河北籍男子王××向河北广平警方交代,10年前石家庄孔寨村玉米地奸杀案是自己所为。广平县公安局有关人士说,王××交代细节与现场高度吻合。②

真正的凶手被抓到,这一案情的新变化让所有与该案相关的家庭都经历巨大的震荡。为此,记者整篇报道紧紧围绕这一新变化着墨、展开和深挖。经过历任记者对该事件长达12年的持续追踪,2016年12月2日,最高人民法院改判聂×斌无罪。

(三)细节

纪实写作强调细节,细节有以小见大,以少胜多的事半功倍之效。细节都是那些自然状态下的细小场景或言行,细小到甚至连人们自己都不易察

---

① 李飞:《歌者姚×娜的最后一周》,《深圳晚报》2015年1月16日第A06 - A07版。本书在引用时对人名做了匿名处理。

② 赵凌:《"聂×斌冤杀案"悬而未决 防"勾兑"公众吁异地调查》,《南方周末》2005年3月24日第2版。本书在引用时对人名做了匿名处理。

觉。但是,"一滴水中见太阳",细节又足以折射人物的个性、内心和情感,折射当时的社会环境。

例

被誉为"中国知识分子的榜样"的科学家蒋筑英"上下楼梯经常是一步跨三、四级台阶。"①

这个细节既形象生动,又凸显了蒋筑英争分夺秒的常态。这么多年过去了,笔者对故事本身已经记得不清,但这个细节却一直令人难忘。

例

橙子说:"很多人的时间停止了,但我们的没有。"②

在汶川地震的大背景下来看这个语言细节,我们无法不跟主人公一样百感交集,这一细节也折射了橙子的坚强与豁达。

在细节方面,相对来说,行为比语言更重要,做什么比说什么更重要。

例

(苏秦)归至家,妻不下纴,嫂不为饮,父母不与言。……路过洛阳,父母闻之,清宫除道,张乐设饮,郊迎三十里。妻侧目而视,倾耳而听。嫂蛇行匍伏,四拜自跪而谢。③

世态炎凉,人情冷暖,前后对比,全赖细节。

例

我看见他戴着黑布小帽,穿着黑布大马褂,深青布棉袍,蹒跚地走到铁道边,慢慢探身下去,尚不大难。可是他穿过铁道,要爬上那边月台,就不容易了。他用两手攀着上面,两脚再向上缩;他

---

① 《蒋筑英——中国知识分子的光辉榜样》,2009年6月17日,见中国科学院长春光学精密机械与物理研究所网站:http://www.ciomp.ac.cn/zt/jzyss30_181722/jzybd_181722/201206/t20120612_3596702.html。

② 陆晓恺:《从花季到而立:一个四川女孩的劫后余生》,2020年5月12日,见微信公众号"偶尔治愈":https://mp.weixin.qq.com/s/kq0z_r_dsrAdn89xNuZDmw。

③ 《苏秦始将连横说秦惠王》,见〔西汉〕刘向集录,范祥雍笺证:《战国策笺证》,上海古籍出版社2006年版,第142—143页。

肥胖的身子向左微倾,显出努力的样子。这时我看见他的背影,我的泪很快地流下来了。①

父子之间一句对话也没有,只有行动的描写,但颇有此时无声胜有声之效。

为此,在纪实写作的素材收集过程,也就是采访过程中,我们要注意察言观色,善于捕捉细节,抓住那些细小但又足以彰显个性的言语或行动,或者是足以彰显当时(社会)环境的场面。要尽可能地到现场去,把现实带到读者眼前。不能到现场去的,就要通过追访的形式还原现场,挖掘细节,以便把过去的场景带到眼前。

例

有时,这个"90后"女孩也会向朋友抱怨,自己怎么就这样"丧失了少女情怀"。随后,她去商场里买了一双楔形跟的彩带凉鞋,又配上了一条素色的褶皱连衣裙。

黄××是朱平的同乡,也是大学校友,直到今天,他眼前似乎总蹦出朱平第一次穿上高跟鞋的瞬间。"那就是我觉得她最漂亮的样子。"一边回忆着,这个男孩笑了出来。②

《永不抵达的列车》作者赵涵漠后来这样回顾自己当时挖掘细节的过程:

首先,我会先告诉他们:采访中,我会询问很多细节,可能你们会觉得烦,但这些细节对我的报道很重要,这些细节也是特稿写作所必需的。第二,就是需要不厌其烦地追问下去。当时,我觉得黄××是一个声音很温柔的男孩,我就觉得他应该是很细心的,于是我就去问黄××说:"你觉得朱平什么时候最漂亮?"他说:"穿一条裙子、一个高跟鞋,就很漂亮。"然后,我就问他:"什么样的裙子和高跟鞋呢?"他就会开始回忆鞋子和裙子的细节。这些细节会让你感觉到朱平其实是一个很爱美的一个姑娘,她对于美的认识

---

① 朱自清:《背影》,见朱自清著,梁仁选编:《朱自清散文》,浙江文艺出版社1999年版,第42页。

② 赵涵漠:《永不抵达的列车》,《中国青年报》2011年7月27日第12版。本书在引用时对人名做了匿名处理。

和感受其实是这个样子的,这样一来人物形象和性格就丰满起来了。但问题是被访者可能会觉得你问这些细节毫无意义,但按照记者的工作要求,我们就是要去问。①

当然,细节都是为表现人物性格和强化主题服务的。为此,不能为细节而细节,细节描写需要精挑细选,以少胜多。

四、纪实写作的形式

(一)描写

描写是纪实写作最常用的手段。

例

咪蒙长一张 XL 号娃娃脸,天生是清脆娃娃音,但笑起来"像开动拖拉机"。"哈哈哈哈哈哈。"听到魔鬼笑声,就知道老板来了。有时声音太大,员工敲门:"老板你小声点,隔壁在面试。"她连忙答应:"好好,我注意。"②

夏丏尊、叶圣陶在讨论描写与记叙的区别时说:

"'记叙',结果犹如画一张路程图;如果能把印象写出,却同画一幅风景画一样,这就是'描写'了。"

"……人家看了你的路程图,至多知道你到达过哪里,看见过什么罢了。但是,人家看了你的风景画,就会感(受)到你所感(受)到的;不劳你解释,不用你说明,一切都从画面上直接感到。所以,'描写'比较'记叙'具有远胜的感染力。"③

---

① 张志安、刘虹岑:《记录小人物就是记录时代本身》,《新闻界》2013 年第 2 期。本书在引用时对人名做了匿名处理。

② 张珺:《咪蒙不再制造咪蒙》,2020 年 7 月 2 日,见虎嗅网:http://www.huxiu.com/article/366434.html。

③ 夏丏尊、叶圣陶:《文心》,生活·读书·新知三联书店 2008 年版,第 85 页。

如果将纪实写作比喻为一个框架的话，那么，叙述是泥，描写是砖，叙述就是为了描写的连接和过渡，所谓"一笔带过"，给人以一个大的线索和脉络，也就是夏丏尊、叶圣陶说的"路程图"。凡是不一笔带过的，都是局部的，属于描写的任务，都需要深度描摹（thick description）。①

一个接一个的描写往往有蒙太奇效果，把现实场景或人物言行如纪录片一样展现在读者面前，这与以如实记录为使命的纪实写作很贴合。

具体来说，描写就是要启动读者的各种感觉，"带"着读者到现场去看、去听、去闻、去触摸，所谓"字立纸上"。对此，夏丏尊、叶圣陶讲得更形象、具体：

> 眼睛怎样看见就怎样写，耳朵怎样听见就怎样写，内心怎样感念就怎样写。"月光如流水一般，静静地泻在一片叶子和花上"，把视觉的印象捉住了；"轻轻地推门进去，什么声息也没有"，把听觉的印象捉住了；"这一片天地好像是我的；我也像超出了平常的自己，到了另一个世界里"，把意识界的印象捉住了。②

描写的成败取决于动词的运用，一定要多用动词。

例

> 阳光*打*在你的脸上，温暖*留*在我的心里。③

试以"照""撒""射""印"来替代，都没有"打"带给人的那种震撼和耳目一新之感。

例

> 孩子们你*来*他*去*地在厨房与饭间里*查看*，一面*催*我或妻*发*"开饭"的命令。急促繁碎的脚步，*夹*着笑和嚷，一阵阵*袭来*，直到命令*发出*为止。他们一*递*一个地*跑*着*喊*着，将命令*传*给厨房里佣人；

---

① Clifford Geertz. *The Interpretation of Cultures*. New York：Basic，2000，p. 6.
② 夏丏尊、叶圣陶：《七十二堂写作课》，开明出版社2017年版，第77页。
③ 南方周末编辑部：《总有一种力量让我们泪流满面》，《南方周末》1999年1月1日第1版。

便立刻抢着回来搬凳子。①

这种孩子多的家庭在开饭前的忙乱感也同样是通过动词传递给人们的。

类似地，李清照的《点绛唇·蹴罢秋千》应该是动词运用得最为传神的宋词之一了：

> 蹴罢秋千，起来慵整纤纤手。露浓花瘦，薄汗轻衣透。
> 见客入来，袜刬金钗溜。和羞走，倚门回首，却把青梅嗅。②

这首词把小姑娘害羞、活泼的情态逼真显现出来，同样靠动词。

如前面章节所述，凡是涉及行动的，都尽量用动词，而不是用名词。让动作回归动词，而不是隐身于名词中。

例

我们对这件事进行了深入的调查。
我们深入调查了这件事。

还是存在他同意我们做这件事的可能性。
他可能同意我们做这件事。

重新挑选一位班长的必要性仍然存在。
我们仍需要重新挑选一位班长。

（二）平衡

"平衡"是一个比较重要的新闻学概念，英文是 balance。《韦氏高阶英汉双解词典》是这样解释 balance 的：

A state in which different things occur in equal or proper amounts or have an equal or proper amount of importance. ③（不同事情以同样数量或同等重要性发

---

① 朱自清：《儿女》，见朱自清著，梁仁选编：《朱自清散文》，浙江文艺出版社1999年版，第76页。
② 唐圭璋、缪钺等：《唐宋词鉴赏辞典》，上海辞书出版社1988年版，第1168页。
③ ［美］Merriam-Webster：《韦氏高阶英汉双解词典》，中国大百科全书出版社2017年版，第143页。

生的态势。)

就纪实写作而言,平衡可以进一步一分为二,即,派别平衡、态度平衡。

(1) 派别平衡(impartiality),英语里指的是"Treat all parts equally"①,即,平等对待所有部分。这从英文角度很好理解,impartiality 的核心部分是 part,即组成一个整体的各部分;impartiality 要求在各部分之间平等待之。

具体到纪实写作中,为做到派别平衡,我们就要多方陈述,给事件中每一方以平等传递意见的机会,不偏不倚。不能一边倒地只是传递某一方的行动和意见,而是要让不同人、不同利益集团、不同社会群体的声音都能得到平等表达的机会,让不同的声音不断碰撞,让不同的视角互相补充。所以,采访了法官,也要尽量采访被告人;采访了城管,也一定要记得采访小贩。总之,学会独立地面对和陈述各方的不同,保持派别平衡。

本章第一节谈及的伪真实之一的偏倚就是有意识地打破派别平衡,有意识地偏袒事件中的某个或某些派别,导致派别不平衡。联系前文所述,我们可以说,不能保持派别平衡势必滑向偏倚,滑向伪真实。

最后,如果有当事方拒绝接受采访,那么,也应该在稿件中进行特别说明。这也是维持派别平衡的一种操作方式。

(2) 态度平衡(fairness),英语里指的是"Treating people in a way that does not favor some over others."②,即,不以对一方比另一方更有利的形式待人。具体到纪实写作中,就是作者给各方以平等的尊重,运用平实的语言平视一切,不卑不亢。采访总统,你就是总统;采访乞丐,你就是乞丐。③ 只有保持这种心理上的平视,你才能在采访和写作中保持派别平衡与态度平衡。

---

① [美] Merriam-Webster:《韦氏高阶英汉双解词典》,中国大百科全书出版社 2017 年版,第 1056 页。
② [美] Merriam-Webster:《韦氏高阶英汉双解词典》,中国大百科全书出版社 2017 年版,第 757 页。
③ 这只适用于进行采访工作的时候,同时不光指人格上的平等,而且指知识层面的平等,就是说,你需要像总统那样看世界,你需要像乞丐那样想问题。不过,采访工作以外,你依旧是记者,你当然不会以为自己就是乞丐,但千万也不要以为自己就是总统,否则,会导致自我角色认知混乱。

在这点上，Gay Talese 说得好：

> 我尊重我写的这些人，即使他们是匪徒或春画画家。（写作时）我像他们看世界那样看世界。①

著名记者法拉奇堪称平视的典范：

> 法拉奇：明天是您的生日，我要祝贺您，祝您生日快乐！
>
> 邓小平：明天是我的生日？我从来不关心什么时候是我的生日。
>
> 法拉奇：我是从您的传记中知道的。
>
> 邓小平：就算是吧，也别祝贺我。我已经76岁了，到了衰退的年龄啦！
>
> 法拉奇：我父亲也是76岁，我要这么对他说，他肯定会打我两巴掌的。
>
> 邓小平：是呀，当然不能对你父亲这么说。
>
> 法拉奇：邓先生，最近您曾经说过，中国正处在转折点，可以说是第二次革命。事实上，今天来北京的人，可以亲眼看到中国已发生的变化。人们不再穿制服了，标语消失了，毛主席的像少了，几年前我到北京来，到处可以看到毛主席的像，今天我从饭店到这里，只看到一幅，挂在紫禁城（故宫）入口处。以后你们还会保留毛主席像吗？
>
> 邓小平：永远要保留下去！②

上述是法拉奇访谈邓小平的开场。法拉奇恪守态度平衡，保持对邓小平的平视，才能以对一个长者谈话的方式来采访邓小平，也才能别出心裁地以生日话题打头而营造轻松、亲近的谈话氛围。

---

① Gay Talese. "Delving into private lives", in Mark Kramer and Wendy Call (eds.). *Telling True Stories*. New York：Plume, 2017, p. 7.

② 施燕华：《我的外交翻译生涯》，中国青年出版社2013年版，第251-252页。

第三部分

公共说理

第八章 说理的要素

说理是作者观点的表达，是写作的一种。为此，前面的写作原则、写作过程同样适用于说理，比如，简洁、连贯、构思、修改等，此处存而不论。包括说理在内的任何写作，重要的不是坐而论道，而是写起来，写多了，并伴以必要的反思，自然会写得越来越得心应手。基于此，如前面谈写作一样，本章将主要聚焦于那些思维层面的内容，而非具体的技法。

相对于纪实写作，说理跟逻辑的关系更为密切，尤其是推理。所以，我们后面将专门辟出两章来讨论推理和常见逻辑谬误。这一章介绍一下说理的要素构成，贯穿其中的基本精神是，说理的要旨在十六个字——有话要说，自圆其说；源于事实，高于事实。

一、话题

话题是说理的第一要素，它应该从心、有话要说。

话题的选择上，你需要从心。言不由衷的说理，说出来也是无病呻吟，味同嚼蜡；而从心的说理，你哪里还要什么苦心孤诣，只需要直抒胸臆，说出来也是一气呵成。

最后，你想就某个话题说理一定是因为你对该话题感兴趣，觉得自己对该话题有话要说，如鲠在喉，不吐不快。什么样的话题，最有话要说？通常情况下，三类话题最有话要说。

（1）对某个话题有一手经历，有切肤之感。古人有云："纸上得来终觉浅，绝知此事要躬行。"直接体验所带来的感悟非二手感知所能比。所以，撇开想不想说、愿不愿发言不论，讨论学术不端，学者们最有话说，也最有发言权；讨论政治腐败，官员们最有话说，也最有发言权；讨论中小学教育，老师和家长们最有话说，也最有发言权。比如，《每对母子都是生死之交,我要陪他向校园霸凌说 NO!》① 就是作者依托自己孩子在厕所里被同学用垃圾筐扣头的校园经历,来说明这其实是校园霸凌,而非对方孩子父母嘴里的"玩笑",也非老师的定性——"一个过分的玩笑"。当然,一手经历是个很好的说理切入点,但也需要意识到一手经历的局限性,那就是,用来说明一个道理很有说服力,因为亲身经历,感受真切;不过千万不能由此进行逻辑推理,以期收到由点及面之效,即所谓的"可见校园霸凌非常普遍"或者"我能说不,你还不能说不"一类。

(2) 沉浸于某个领域很久,有深切体会。"功夫不负有心人",只要持续关注某个领域,那么你自然会在与这个领域相关的知识方面积累厚实,一旦现实中有事件触发了跟该领域的联系,你就该话题有所说理便是自然而然的事情。所以,笔者总是忠告学生除了本学科的学业外,一定要选定一两个自己感兴趣的社会问题去进行关注和研究,比如,人口问题、房价问题、学位问题、医疗问题、腐败问题、邦交问题,等等。总之,持续性地关注一两个话题,当相关事件发生时,你自然会有话要说,有话可说。这样来看,说理水平的高低一定程度上在说理之外。沙叶新的《表态文化》② 可为例证。沙叶新熟悉历史,加上自身经历坎坷,从而对古代读书人与官员的关系颇为关注。1999年,电视剧《雍正王朝》热播带动了当时社会关于雍正的是与非的争论。沙叶新遂以钱名世案为例来说明为什么雍正其实是迫害知识分子的"专家"。雍正不但让钱名世"腼颜而生",而且责成大小官员写诗批判,"没一首是发自内心的真情抒发,大都是在高压下的被迫表态"。而且具有讽刺意味的是,"查嗣庭和谢济世都参加了大批判,查嗣庭批判钱名世'百年遗臭辱簪缨',谢济世批判钱名世'自古奸谀终败露',可他们何曾料到很快他们自己也成了另两起文字狱的受害者"。

(3) 能突破常规思维,看得更远,有创见。很多说理仰赖的不过是常识常理,没有新意,而且往往热衷于利用有限例证,上升拔高到对一个群体的标签化评论。一看到宝马车撞人,就开始写贫富悬殊;一听说某大学教授性骚扰,就开始写高校老师师德大滑坡;一读到年轻人跳楼,就开始写如今年

---

① 善因:《每对母子都是生死之交,我要陪他向校园霸凌说 NO!》,2016 年 12 月 8 日,见微信公众号"童享部落": https: //mp. weixin. qq. com/s/WEEgjqCJd_znqgRPDEehUg。
② 沙叶新:《表态文化》,《随笔》1999 年第 6 期。

轻人心理素质太差。相反地，你若能在常识常理面前往前多想一步，问问自己是否具有别于常识常理的地方，如果有，那就决定了这是一个值得写的话题，一个你注定将有话可说的话题。例如，2018 年发生了某学生社团干部在微信群中逞官威事件（甲："7 号要开会吗？@杨×学长？"乙："杨主席是你们直接@的？"），一时网络哗然，各方针对高校社团官僚风气现象口诛笔伐。安安却从韦伯有关科层制的讨论入手，论证了社团科层制的合理性和该事件处理方式不当的原因所在，令人耳目一新：

> 对一个有职能的组织来说，树立上级权威是必要的。当上级权威不存在了，"命令—服从"关系就瓦解了，社团就没有办法顺利完成职能。……所以，树立权威并非一无是处，相反它还是保障组织运行的基础，问题在于树立权威的方式……
>
> "逞官威"聊天截图会犯众怒，正是因为上级管理者对下级采用了颐指气使的态度，并将不成文的灵活潜规则以强制的方式命令下级遵从，这便为科层制度僵化，提供了土壤。
>
> 通过上文的论述可知，我们所批判的官僚作风其实和科层制不能完全等同。理想的现代科层制消解了传统组织中对身份、地位、个人魅力等社会等级元素的力量，加强了组织的理性色彩。……而官僚作风是科层制的弊端之一，当科层体制渐趋僵化，居高位者便可能会养成跋扈的官僚气，对下级肆意发号施令。①

二、聚焦

导入话题后，聚焦便很紧要。如前面章节所言，事物本身是复杂的，人的认知能力是有限的。那么，对任何一个话题，我们不可能在它的所有面向进行说理，那是遍撒胡椒面；而应该只截取其中某一个面向来论，这就需要聚焦于一点，并一以贯之。

聚焦有两层意思：

---

① 安安：《高校社团官气横生、虚荣跋扈，到底是什么惹的祸？》，2018 年 10 月 9 日，见微信公众号"新京报书评周刊"：https://mp.weixin.qq.com/s/aoFffBsh_BKUv-VswY7PNQg。

第一,针对任何一个话题,我们都可以问出不同的问题,那么,你准备问什么问题?你准备针对这个问题,提出什么观点?问题与相应的观点就是你的聚焦点所在。例如1946年,国民党统治腐败不堪,民不聊生。对此,可以提的问题当然很多,储安平当时提出的问题是:"一个政党执政的成败,原因既多且极复杂,非执一言所能论议;然其成败之键,必有最基本的原因可寻。"① 所提的这个问题决定了他整篇言论聚焦于探讨国民党执政失败的主要原因。那么,针对这个问题,他的观点是什么?他的观点是,国民党失败的最基本原因在于加强消极的政治控制。为此,他的文章始终聚焦于此:

> 这二十年来国民党只聚精会神在做一件事,就是加强消极的政治控制,以求政权的巩固。养许多兵,是为了巩固政权;一切党团的组织、活动、训练,是为了巩固政权;特务和各种检查制度的施行,是为了巩固政权;就是公路的开辟、电话网的布置,也无一非出自军事及治安的观点,其目的仍是为了巩固政权。二十年来,只有这项消极的政治控制工作,吸引着国民党无比的兴趣和重视,表现着国民党最大的勇敢、决心和魄力。二十年来,我们做百姓的,只有这一个项目,使我们到处听得到、看得见、嗅得着、并感觉到它的紧张、严密、认真、和不放松,但是也就在这一个项目下,这二十年来,不知消耗了国家多少金钱,雇用了国家多少人力,浪费了国家多少指挥,糟蹋了国家多少光阴,当前的执政党既倾其全力于消极的政治控制,必然大大影响他在积极方面的种种建设工作。所以,二十年来,我们的交通和水利没有高度的建设,土地制度没有革命性的改革……二十年来中国的执政者,只有在征税和壮丁两件事上才思及人民,此外人民在政治上儿不复占到任何重要地位!历观往史,没有一个政府能够不顾人民而犹能长久维持其政权者。不顾人民苦乐的政府,必然失去人心;不为人民福利打算的施政,必然不能使国家社会得到健全的发展。政治生活中本来潜有物理的作用;政绩窳败,人心怨愤;人心怨愤,政权动摇;政权动摇,执政者的控制势须加紧;压制越紧,反动更烈。如此循环,互为因

---

① 中华全国新闻工作者协会研究部、中国人民大学新闻系合编:《〈观察〉储安平言论选》,工人日报社1957年版,第5页。

果,而终必全盘倾溃,不能收拾。①

第二,任何一个话题都可以从很多角度来分析,那么,你将选择什么分析角度?分析角度就是你的聚焦点所在。不过,选择分析角度前,一定想一想还有没有其他更好、更刁钻的角度。这方面的经典案例之一当属张季鸾的《蒋介石之人生观》。当时蒋介石新婚宴尔,抱得美龄归,媒体一片欢呼道喜,唯独《大公报》主笔张季鸾选择了一个特别刁钻的角度——蒋介石所谓的"婚姻与革命"论,由此出发,以子之矛攻子之盾,从而显示出蒋介石言论的破绽:

> 离妻再娶,弃妾新婚,皆社会中所偶见。独蒋介石事,诟者最多,以其地位故也。然蒋犹不谨,前日特发表一文,一则谓深信人生若无美满姻缘,一切皆无意味;再则谓确信自今日结婚后革命工作,必有进步。
>
> 男女,人之大欲也,其事属于本能的发动,动物皆然,不止人类。人生得真正恋爱,固属幸事,然其事不可必。且恋爱对象,变动不常,灵魂肉欲,其事难分。自生民以来,所谓有美满之姻缘者少矣。然恋爱者,人生之一部分耳,若谓恋爱不成,则人生一切无意义,是乃专崇拜本能,而抹杀人类文明进步后之一切高尚观念。……
>
> ……吾人所万不能缄默者,则蒋谓有美满姻缘始能为革命工作。夫何谓革命?牺牲一己以救社会之谓也。命且不惜,何论妇人。十八世纪以来之革命潮流,其根本由于博爱而起,派别虽多,皆为救世,故虽牺牲其最宝爱之生命而不辞者,为救世主恶制度恶政治下之大众,使其享平安愉快之生活故也。一己之恋爱如何,与"革命"有何关联哉?
>
> 呜呼,尝忆蒋氏演说有云,"出兵以来,死伤者不下五万人",为问蒋氏,此辈所谓武装同志,皆有美满姻缘乎?抑无之乎?其有之耶,何以拆散其姻缘?其无之耶,岂不虚生了一世?垒垒河边之骨,凄凄梦里之人;兵士殉生,将帅谈爱;人生不平,至此极矣。②

---

① 中华全国新闻工作者协会研究部、中国人民大学新闻系合编:《〈观察〉储安平言论选》,工人日报社1957年版,第6—7页。

② 张季鸾:《蒋介石之人生观》,天津《大公报》1927年12月2日第1版。

需要说明的是,"写作过程"一章介绍的角度构思内容,即,选择的角度、表现的角度、解读的角度,当然同样适用于说理。

总之,聚焦是一个由话题(topic)借助角度(angle)转往问题(question)的过程,具体地,就是说你面对一个话题将要从哪个角度来讨论什么问题。一旦确定了所讨论的问题,就要聚焦于此,而不能或偷换话题,或转移话题。偷换话题或转移话题都是说理不聚焦的表现,也在逻辑上违反了同一律,属于逻辑错误。

三、论证

话题、聚焦都是因为有话要说。既是有话要说,就先要对自己想说的"话"了然于胸。就是说:你针对该问题的主张是什么?你要鲜明地亮明你的主张,不要含含混混,不要温暾水。

但是,你凭什么让别人相信你的"话"?这就需要通过论证,论证就是自圆其说,就是说理,说服别人相信你的道理。说理、说理,一定要有一个"说"的过程,让"理"明晰的过程。

在讨论论证之前,我们先要知道,情绪化的宣泄不是说理,因为没有论证。所以,对网络上的宣泄文字,不必也不可以"理"视之。

例

冒昧地问一下,她到底是20岁,还是2岁?

我真的怀疑她还在用奶嘴和纸尿裤!

什么都不会,只会哭,以及给别人添乱!

杨××的排名,让我觉得全世界所有努力奋斗的女生,全都像一个笑话。

难怪有人说,"张××看男人的眼光不行,但打男人还是挺行的",哈哈哈哈。

我们被压抑太久了。

我就不贤良淑德忍气吞声,我就要以牙还牙以眼还眼。

现在,我们来讨论论证,讨论怎么自圆其说。

(一) 构思

> 你的主张是什么?
> 你的主张的依据是什么?也就是你的主张的出发点。
> 你将用哪些分论点来支持、发展你的主张?
> 你这些分论点的证据大致有哪些?

这四个问题依次递进。任何下一级问题答案如果是肯定的话,就可以进入下一级问题;如果下一级问题的答案是否定的,那你就该在这一级止步。止步不是说你就此放弃不写,而是需要回到上一级问题找到替代性思路,看能不能走下去。当然,终极源头是"你的主张是什么",也许你应该因为走不下去而考虑改变你的主张。

2021年某大学老师因为没能成功续聘,杀死学院党委书记,此事轰动一时,众说纷纭。这里以两位作者的评论说理来管窥其各自构思(见表8-1)。

表8-1 两名作者对"教师杀人案"的评论对比

作者	"牧龙闲人"	"一小时爸爸"
主张	我们需要反思,为什么一个海归博士,会走上这条极端之路	不要给杀人者任何"同理心"
主张的依据	环境说(人的成长离不开环境)	谋杀论(谋杀是对社会道德底线的挑战)
分论点	近似的学术背景及经历,但两人却最终走向了完全相反的人生	内心对社会道德的最后信仰是正常人和预谋杀人者之间的不同
	国内学术环境,评价体系,晋升机制,薪酬待遇……成了横亘在海外留学归国学子面前的一道道坎	如果给杀人者同理心,会传递这样一个潜台词:那就是社会道德接纳用剥夺他人生命的方式,去报复他人、社会
	生活虽然艰苦,但他从未放弃对数学的热爱,美国没有人看不起你	

(续表8-1)

作者	"牧龙闲人"	"一小时爸爸"
证据	数学界最高期刊《数学年刊》以评选严格著称,几乎所有论文都要1～2年的审核时间,但张××这篇论文,只用了3个星期就被该刊采纳,创下了历史纪录	纳什的确有精神疾病,但他没有伤害过别人
	罗夫肖客数学奖、麦克阿瑟天才奖、求是杰出科学家奖、晨星数学卓越成就奖、美国亚裔工程师协会终身成就奖……张××也因此跻身世界重量级数学家的行列	我们回顾整个科学史上那些伟大的名字,无论是什么性格,无论是什么遭遇,有的名利双收,有的孤苦一生,但有一点是共同的,他们都没有因为压力或不满,就谋杀同僚。科学家也许性格乖僻,但不是暴力疯子,更不会杀人
	哈佛教授马祖尔表示:为他的坚韧、勇敢和独立而感动	

两人主张各异,本质上基于各自主张的依据,"牧龙闲人"① 基于环境说,"一小时爸爸"② 基于谋杀论,这种依据本身具有权威性,也是主张的立论基础。倘若立论基础不稳固,则主张无从站得住脚。再看分论点,"牧龙闲人"的分论点一分为二,一个成全学者张××对数学的热爱,一个酿成老师砍杀书记的悲剧,讲的是个人,指的是环境,回应主张的依据。"一小时爸爸"的分论点也是一分为二,何以杀人错误,何以杀人有害,是主张的依据谋杀论的具体化。那么,如果分论点有问题,则立论基础不成立。不过,就说理来说,最有分量的是证据,我们常言的所谓"用事实说话",套

---

① 牧龙闲人:《"××大学事件"之后,这位在美国端了7年盘子的数学天才,为何屡次被提起?》,2021年6月11日,见腾讯网:https://new.qq.com/omn/20210611/20210611A0DQYM00.html。本书在引用时对校名、人名做了匿名处理。

② 一小时爸爸:《××大学血案之后:不要给杀人者"同理心"》,2021年6月15日,见微信公众号"一小时爸爸":https://mp.weixin.qq.com/s/4mJv6t7yf5Oo1-6wihaxhg。本书在引用时对校名、人名做了匿名处理。

到这里来说就是"用证据说理"。证据不够有力，再巧舌如簧也难以使说理有说服力，主张、主张的依据、分论点将统统成为空中楼阁。不过，鉴于下面的"证据"一节将专门论述这个问题，这里姑且存而不论。总之，我们要认识到主张、依据、分论点、证据的层级有效性。

（二）PEEL写作方法

就自圆其说来说，最有力的是证据，用证据来"说"。相反地，不依托证据，只是占领道德制高点来"说"，陷于纯粹的演绎，多半不过是一些政治正确的常识或口水。而且，演绎是必须遵循逻辑推理规则来进行论证的，不过，跟论证有关的逻辑推理内容放到下两章，这里只从组织意义上来讨论论证。

论证的组织路径固然很多，不过，英语世界里的PEEL写作方法值得学习和借鉴。

P代表point，就是你的观点，也就是上一节我们所说的分论点，用来支持你整篇说理文字的主张。观点要非常清晰，并且跟你的主张高度相关。

第一个E代表evidence，就是证据，用来支撑你的观点和发展你的说理，要少而精，且关联度高。证据形式多样，在下一节详述。

第二个E代表explain，就是解释证据为什么重要，你所需选择的证据的意义在哪里，是怎样支撑观点，从而使得证据与观点之间的联系明晰。解释的过程是让证据朝向论点的过程，没有经过解释的证据材料就像一盘散沙，没有魂，只是堆砌；经过解释的证据材料井然有序，有魂，满盘皆活。如果将证据比作龙身的话，那么，解释就是在画龙点睛，"睛"就是观点。没有解释这个"点"的过程，证据和观点之间会是两张皮，无法贴合在一起。为此，两个E在具体说理写作中相互缠绕，你中有我，我中有你。简单地说，你的证据（evidence）不是为了讲述一个故事，而是为了分析一个道理，这个分析过程就是通过解释（explain）来完成。为此，解释使用分析性语言，而非描述性语言。

L代表link，指的是有意识地回应话题或主张，建立跟话题或主张的连接，形成对话题或主张的照应。不过，就说理文字来说，对这个连接（link）做相对变通的理解会更有利于说理写作，即，建立两个E之间的有效连接，建立观点（分论点）与主张之间的有效连接。

例

话题：孩子们能经常玩游戏机吗?

主张：孩子们不应该经常玩游戏机。

观点：孩子们不应该经常玩游戏机，因为经常玩游戏机的孩子容易注意力涣散。

证据：一项最新中小学研究显示，学生玩游戏机频率跟他们注意力不集中程度呈现为正相关。

解释：这项研究之所以很重要，是因为它揭示了学生们上课注意力不集中的主要原因，那就是，玩游戏机太频繁。

连接：可见，经常玩游戏机的确有注意力涣散的负面效果。为此，我们主张孩子们不应该经常玩游戏机。

下面再以《日本人凭什么能量产诺贝尔奖》[①] 为例来说明 PEEL 写作方法：

话题：为何我们的近邻日本能获得这么多诺贝尔奖?

主张：获诺贝尔奖与否跟民族文化有关，悲情是日本人创新力的正解。

观点1：日本人天性悲情至上。

证据之一：渡边淳一《失乐园》最后的场景里，男女主人公对口喝红酒、鞭笞、扼颈，最后在漫天飞舞的雪花中同归于尽。

解释：大雪舞动的是生的悲情，死平添了生的凄美。

连接（主张）：悲情哲学是日本民族的宿命。

观点2：悲情催生忧患意识。

证据之一：日本某诺奖得主去年接受媒体采访时抨击政府过度削减科研经费，声称日本人今后可能不会再有诺奖获得者。

解释：该诺奖得主的唱衰论是在给日本基础科研实力敲警钟，给政府的短视行为敲警钟。

连接（话题）：浓厚的忧患意识必将催生更多领域的日本诺奖

---

① 姜建强：《日本人凭什么能量产诺贝尔奖》，2018年10月6日，见虎嗅网：hux-iu.com/article/265531.html。

获得者。

观点3：悲情走向忍耐，忍耐走向持久，持久创生万物。
证据之一：日本千年以上的企业有7家，全球最多。
解释：日本人永不放弃的执念是这个民族赖以生存的根。
连接（话题）：日本量产诺奖，或许也与这个"根"有关。

（三）源于事实，高于事实

说理都是依据事实信息展开的，但说理不是对事实信息的简单重复，也不是对事实信息显而易见意义的简单重复，比如，杀人是不对的。现在网络发达导致各种评论和说理性文字铺天盖地，但到底以大路货或口水话居多，值得一读的作品甚少的原因就在于，源于事实却未能高于事实。

如何高于事实？需要说理者对事实信息的意义进行再发掘和升华。事实信息不变，但是我们看待事实信息的视角可以变，我们可以赋予事实信息以新的意义，言人所未言，发人所未发。

如何发掘和升华以达到高于事实？就是由点及面，眼中有点，胸中有面；由特殊到一般，由一个事实现象想到同类现象；由事实出发，但以超越事实为归宿，以此影响甚至颠覆人们关于某一事实的观念，影响甚至颠覆人们看待事实的方式。

凭什么超越事实？凭触发，某一事实触发了我们思想中的"某一点"，而这个某一点是我们已经思之良久、藏之于胸，甚至烂熟于心。也就是说，事实的发生正好提供了这样一个契机，暗合心中所想，二者一触即发，由此及彼，成为说理的触媒。

引起触发所依托的思想何来？这固然是个大问题，单就说理论证而言，说理的思想来自阅历和阅读[①]，或者说，触发功夫在诗外。你经历过的事，你交往过的人，你读过的书，你想过的问题，决定了你将被什么事实触发，在事实的哪一个点被触发，将触发出什么。而且请切记，厚积薄发。要想触发首先需要厚实的积累，无论阅历还是阅读。所以，任何说理文字说到底不过乃作者内在积累的外化。

---

① 这一点在下一节"证据"中还将提及。

（四）逻辑推理与现实道理

作为两种论证方式，逻辑推理与现实道理最常用。

逻辑推理指的是纯粹依靠演绎，但是演绎一定要符合推理逻辑，也就是下一章将要讨论的"推理的基本类型"。裴智勇的《假如媒体缺席……》便是一篇运用逻辑推理来进行论证的佳作。

2001年7月，广西南丹县一矿井发生特大透水事故，造成81名矿工死亡。事故发生后，涉事官员瞒报，并阻挠媒体曝光。正是在这一背景下，《假如媒体缺席……》在《人民日报》发表：

> 面对事故，假如媒体缺席呢？应该说，媒体保持沉默，正是肇事者、犯罪者所企盼的。在悄无声息处理事故时，无人监督，无人深究，肇事者可以和稀泥，可以推卸责任。明明是安全设备不过关、制度不合理，明明是非法作业、违法开采，肇事者可以说成是不可抗力，说成是自然灾害，甚至可以将责任推到死难者身上……
>
> 让媒体走远点，或许也是个别官员所企盼的。他们或许是事故发生地的行政首长，或许是分管事故发生行业的官员。事故一曝光，他们的政绩就要打折扣，乌纱帽也受到威胁。他们当然希望知道事故内情的人越少越好，最好是不让上面知道，以便大事化小，小事化无。当然，实在无法躲避媒体的时候，也许技高一等的人会经过严格筛选，布置某些媒体采访，使之按照他们的需要发出不真实的声音。这也是一种"缺席"。这和媒体沉默一样，是肇事者和某些居心不正的官员所欢迎的。
>
> 假如媒体缺席，上级领导机关处理事故的方针、政策可能在某些人手里走样，人民群众的利益可能得不到足够的保护。受害者默默地深埋于荒山，家属拿到一点微薄的赔偿，事故原因和责任或许不再深究。更可怕的是，产生事故的隐患并没有排除，玩忽职守、藐视法律的肇事者可能再次肇事，不称职的官员还有可能进一步高升，拥有更大的权力。[①]

[①] 裴智勇：《假如媒体缺席……》，《人民日报》2001年8月27日第4版。

作者这里使用的是充分条件假言推理。作者先假设"媒体缺席"为既成事实，再由此假设出发，从肇事者、地方官员、上级领导三个视角加以引申、推演，在媒体缺席与肇事者推卸责任、地方官员保乌纱帽、上级对策可能走样之间建立联结，从而具体概括媒体缺席所可能带来的社会后果与现实危害。

现实道理指的是从事实出发来阐明道理，但是，现实道理要注意真实性、防止孤证、警惕以偏概全。2004年，重庆市开始对九龙坡区杨家坪进行旧城改造，吴女士一家的房子就在拆迁范围内，但是他们与重庆市政府和地产开发商多次协商未果，为此，他们拒绝拆迁，成为"最牛钉子户"。时值《中华人民共和国物权法》在全国人大会议上通过，为此，作者长平将这两件事联系在一起，并结合当时其他媒体说法，来说明该事件的价值与意义：

> 在一个建筑工地的大坑里，一栋两层楼的房屋孤零零地站立着。这是重庆市内的一个场景，因被人拍了照片发布到网上而广为人知，被网民称为"史上最牛钉子户"。前天，当地法院举行了听证会，裁决这栋房屋将于三天后被强制拆迁。
>
> 大批媒体前往重庆采访。这个新闻的背景是，起草数年、几经争议的《物权法》刚刚在全国人代会上通过，记者们显然为这个新鲜的法律找到了一个生动的案例。这个案例真的能够担当起这个重任吗？
>
> 几天前就有媒体评论说，最牛钉子户也一定牛不过开发商。这一强制拆迁的裁决，似乎印证了这个判断。也有人说，胳膊怎能拧得过大腿？一个人去跟政府（房管局）和开发商较劲，肯定是白费功夫，甚至输得更惨。这里我必须要说，强制拆迁并不意味着一定是不公正的。在还不清楚具体的结果之前，我只能说，希望户主吴女士通过艰苦的努力，最大化地维护自己的正当得利。当然，很有可能，她最后所得到的跟开发商最初开给她的条件一样。这样的结果难免会让一些仍在抗争的拆迁户感到沮丧。但是我要说，即便如此，吴女士仍然是一个好榜样，她维护自家私产的努力，正是《物权法》精神的体现。①

---

① 长平：《最牛钉子户是我们的好榜样》，《南方都市报》2007年3月21日第A31版。

论证中，逻辑推理与现实道理并非截然两分，而更多是相互交织在一起，有所侧重而已。不过，一般意义上而言，现实道理比逻辑推理更有力量。

四、证据

什么是证据？能够有效地支撑和证明观点的真实性的材料。

我们家养了一只猫，来的时候只有三个月大，过了两三周，孩子说猫到我们家长大些了，我觉得好像没有。孩子说："你看刚来的时候，它喜欢躲在沙发底下，现在已经钻不进去了。"这句话是对现象的观察，是说明"猫长大些了"的证据。

证据形式多样，可以是切身经历、新闻、统计数字、数据、资料、聊天；来源多样，可源于自身或人际交往所得，亦可源于互联网、杂志、学术期刊，等等。不过，简而言之，证据就来自于两个方面，一个是阅历，一个是阅读。像前述《日本人凭什么能量产诺贝尔奖》的作者姜建强就是个例证，他旅日多年，在日本哲学和文化方面阅读兴趣广泛并著书立说，因此他在文章中引用相关例证信手拈来。

运用证据时，要防止三种倾向。

（1）忽视材料真实性，尤其是网络密布假新闻的时候。其典型表现之一是，抓到新闻就点评。像前面提过的《一个出身寒门的状元之死》，本是虚构的，但仍然有网民认为这到底是一个催人奋进的故事。这些都是无视材料真实性的表现。要说明的是，"陈述方式与纪实写作"一章有关事实判断与价值判断的讨论、"纪实写作"一章有关真实的讨论，一概适用于说理中的证据及其运用，比如，事实判断的优先性。倘若证据真实性尚且存疑，所谓的论证就是无源之水。当然，判断材料的真实性本就是一个挑战，取决于个体的媒介素养，比如，事实的逻辑性，信源权威性的判断，消息源的平衡，有意偏倚的鉴别，等等。

（2）无视反面证据，有意无意地回避或偏倚。应该注意反面证据，主动将反面证据考虑进来，不要刻意回避。将反面证据考虑得越充分，越有助于说理的缜密。这里引用严耕望有关反面证据的论述，虽然他谈的是历史研究，但对说理同样有价值：

研究一个问题，在最初期刚着手的时候，自己可能毫无意见，但到某一阶段，甚至刚刚开始不久，自己心中往往已有一个想法，认为事实真相该是如何。此时以后，自不免特别留意与自己意见相契合的证据，也就是能支持自己意见的证据，但切要记着，同时更须注意与自己意见相反的证据。这点极其重要，不能忽略。换言之，要注意关于这个问题的所有各方面的史料，不能只留意有利于自己意见的史料，更不能任意的抽出几条有利于自己意见的史料。有些问题，史料很丰富，若只留意有利于自己意见的史料，那么几乎任何问题都可以照自己意见的方向去证明，这可说是抽样作证。①

邓拓曾针对一些领导"不管对什么都不肯放手，都要抓，而且抓得死死地"的现象，写就《废弃"庸人政治"》一文，认为"凡是凭着主观愿望，追求表面好看，贪大喜功，缺乏实际效果的政治活动，在实质上都可以说是'庸人政治'"。

在批评"庸人政治"的有害以后，邓拓以设问的形式将反面证据包括进来：

有人会很不高兴地责问：这不是放弃领导和放任自流吗？回答：似乎是，其实不是。说它似乎是，因为我们的领导是要大胆地放手、放手、再放手；既然如此放手，原来的一套领导方法恐怕就得改，也就是说，在某种意义上应该允许某种程度的放任。说它其实不是，因为在原则和方针上毕竟还有领导，决不能变成无政府状态。而我们的人民群众这些年来受了革命的教育，也可以相信他们不会差到那里去的。既然如此，就什么也不可怕了。那些天天怕出乱子，天天喊叫"放不得"的人，真是庸人自扰，瞎操心了。②

（3）依托孤证来说理。如前所述，说理都是源于事实，但又高于事实，那么，源于孤证，却又上升到一般性层面来说理，难免有以偏概全、独木难

---

① 严耕望：《治史三书》，上海人民出版社2011年版，第29页。
② 邓拓：《燕山夜话》，中国社会科学出版社1997年版，第513－514页。

支之虞。

2009年7月15日，西南交通大学某副校长被发现博士学位论文抄袭，下午学校召开新闻通气会。据《成都商报》报道，校方不让记者入场。有评论者在《中国青年报》上发表评论《禁止记者入内，西南交大跟谁新闻通气》：

> 是西南交大跟媒体有仇，因为媒体曝光了"副校长抄袭门"事件？……大概是因为成也记者、败也记者。值此令人难堪的"家丑"通报会召开，如果再让记者们搅和进来，没准儿这些人又整出啥离奇的内幕故事或深度报道……
>
> 禁止记者入内，凸显的可能正是西南交大校领导难以示人也无法叙说的讳疾忌医，甚至对披露丑闻的记者十分反感的情绪。而这种心态和不待见记者的做法，对有110多年历史、一向秉承"严谨治学、严格要求"的西南交大传统，岂不是一种反讽？①

该文仅仅依据《成都商报》一篇报道就通篇在推论，批评西南交大讳疾忌医。这个推论暗含了一个经不起推敲的前提，即，不见记者肯定因为有事怕外扬。

结果，第二天《中国青年报》记者闵捷发表评论《西南交大遭误伤》：

> 7月15日下午4点半，学校将就其副校长涉嫌抄袭论文一事，召开校内的通气会，不对记者开放；会后，校长将举行新闻通气会，向记者介绍情况。
>
> 于是，我顺利采访了当天下午的新闻通气会，其他媒体的十多位记者也顺利进场。通气会上，西南交大校长讲述了本校对其副校长博士论文的调查情况，结论是抄袭成立，取消了该人博士学位和研究生导师资格……
>
> 笔下有是非曲直，笔下有毁誉忠奸。我接触过的很多记者和评论者，都仔细查证、小心下笔，生怕弄错了事实和观点，给自己和他人的声誉带来损害。但是，也有不少评论，混淆事实，或者在没

---

① 李甘林：《禁止记者入内，西南交大跟谁新闻通气》，《中国青年报》2009年7月17日第3版。

弄清楚事实的基础上,就下笔千言。

　　尊重事实,是一切报道和评论的基石。我不知道,评论者有没有想过,你手中的笔有多重?①

上面这两个例子也印证了上一节所讨论过的,就是现实道理相对于逻辑推理更有力。闵捷的评论更胜一筹,显现的正是事实作为证据的力量。

---

　　① 闵捷:《西南交大遭误伤》,《中国青年报》2009年7月18日第3版。本书在引用时对人名做了匿名处理。

第九章　推理的基本类型

什么是推理？推理就是"根据一个或一些判断得出另一个判断的思维过程"[①]。推理都是由判断（命题）构成的。作为推理出发点的已知判断被称为"前提"，作为推理结果的新判断被称为"结论"。

之前讨论过概念、判断，考虑到章节的平衡，部分关于推理的内容已经提前到判断部分中介绍了，比如，选言推理、假言推理，等等。为此，这一章将主要介绍"三段论"这一基本的推理形式，具体三段论各项解释见后文。实际上，我们日常言语中不合逻辑推理的地方，只要还原成标准的三段论，其悖谬处便会一目了然。

例

> 林琳都已经是大学生了，肯定是个有修养的人。

这句话还原成三段论后，应变成这样：

> 大学生都是有修养的人。（大前提）
> 林琳已经是大学生。（小前提）
> 所以，林琳是个有修养的人。（结论）

显然，这一推理过程和结果是荒谬的，因为大前提不真实。大前提既没有被证明过（即，人的有无修养跟是不是大学生没有必然的逻辑关系），也不符合生活常识。而且，这也是集合概念和非集合概念的混用，即，大前提中的"大学生"是集合概念，小前提中的"大学生"是非集合概念。

推理有效必须符合两个必要条件：①前提真实，②推理合乎逻辑规则。形式逻辑能够确定形式上正确与否，但不能确定内容，所以合乎逻辑规则是推理有效的必要条件之一，即确保形式正确。要保证推理有效，还必须符合

[①] 金岳霖主编：《形式逻辑》，人民出版社1979年版，第139页。

另一个条件,即前提真实,这个条件则不在形式逻辑研究范围之内了。

例

  发烧都会有病。

  他没有发烧。

  所以,他不会有病。

这个推理之所以无效,是因为不符合逻辑规则,大项不当扩大。

例

  中国是世界上历史最悠久的国家。

  埃及不是中国。

  所以,埃及不是世界上历史最悠久的国家。

这个推理之所以无效,是因为大前提不真实,因为中国只是世界上历史最悠久的国家之一,并非唯一。

推理可分为演绎推理(从一般到特殊)、归纳推理(从特殊到一般)、类比推理(从特殊到特殊)。

演绎推理有三段论推理、联言推理、选言推理、假言推理等形式,以三段论最为常见。演绎推理的结论不超出前提所断定的范围,其前提与结论之间存在必然性的联系,即其前提真则结论不可能假。相反地,归纳推理、类比推理的前提与结论之间只存在或然性的联系。

一、演绎推理·三段论

三段论由三个性质判断组成,前两个判断是前提,后一个是结论。在结论中作为主项的概念被称为"小项"(用"S"表示),包含小项的前提叫"小前提"。在结论中作为谓项的概念被称为"大项"(用"P"表示),包含大项的前提叫"大前提"。在前提中出现而在结论中没有出现的概念被称为"中项"(用"M"表示),中项的目的是建立大项和小项的联系,起中介作用。它在前提中重复,因为其既需要和大项联系一次,又需要和小项联系一次。但是正因为它是大、小项联系的中介,所以,大、小项过了河即拆桥,不再让中项在结论中出现。三段论的典型公式如图9-1所示。

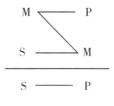

图 9-1 三段论公式

广泛流传的一个三段论故事是：第一次世界大战期间，德军向法军猛烈进攻，法军为了避开德军锐气，积蓄力量，巧施隐身术，躲藏了起来，德军一时失去了攻击目标。德军指挥官下令侦察敌情。一天，德军一名军官用望远镜搜索法军阵地，突然发现了前方阵地下慢慢地爬出了一只名贵的波斯猫，懒洋洋地躺在那里晒太阳。于是，德军军官根据波斯猫的出入地判断出前方阵地必有法军指挥所。

这里运用的就是一个三段论推理：

阵地上凡有名贵波斯猫的地方就有法军高级指挥官。
前方阵地有名贵的波斯猫。
所以，前方阵地有法军高级指挥官。

三段论是有规则的，合乎这些规则，三段论才正确，否则就是不正确的。下面逐条讲述。

（1）一个三段论只能包含三个不同的概念，不能出现四个以上不同的概念，否则，作为中项的概念就不能保持同一，犯"四概念"错误。

例

中国人分布在世界各地。
王红是中国人。
所以，王红分布在世界各地。

在该例子中，中项"中国人"概念不同一，第一个"中国人"表示的是同类事物个体构成集合体的集合概念，第二个"中国人"表示的是一类对象的普遍概念，属非集合概念。这样，除了"王红""在世界各地"外，还有两个性质不同的"中国人"概念，违反了不得出现四个概念的三段论规则，所以是不正确的。

金岳霖在《形式逻辑》中举的"物质"例子是一词多义造成的四概念错误：

> 物质是永恒不灭的。
> 钢铁是物质。
> 所以，钢铁是永恒不灭的。①

在这个三段论的大前提与小前提中都有"物质"这个语词，但是，这个语词在大前提与小前提中却分别地表达了两个不同的概念。大前提中的"物质"，是表达哲学上物质的概念：在人们意识之外，并且不依赖于人们的意识的客观实在。小前提中的"物质"，是表达具体物体这个概念。

例

> 小陈是我的朋友。
> 我是老张的朋友。
> 所以，小陈是老张的朋友。

这个三段论出现了四个概念，即，"小陈""我的朋友""我""老张的朋友"，犯了四概念错误。

例

> 老鼠怕猫。
> 猫怕蜜蜂。
> 所以，老鼠怕蜜蜂。

这个四概念错误有些隐蔽，是因为中项进行了省略，如果我们尝试性地将它补充完整是这样的：

> 老鼠怕猫吃它。
> 猫怕蜜蜂蛰它。
> 所以，老鼠怕蜜蜂。

可以看到，中项"猫"作为大前提和小前提的媒介，因为存在省略而不同一，猫在小前提中指的是"怕猫吃它"，在大前提中指的是"猫"，这就

---

① 金岳霖主编：《形式逻辑》，人民出版社1979年版，第155页。

导致大前提和小前提之间无法产生联系，从而使得结论错误。实际上，老鼠不怕蜜蜂，反而反过来危害蜜蜂以至于吃蜜蜂。

（2）中项在前提中至少周延一次。中项不能两次都不周延，否则会犯"中项不周延"的错误。大、小项之所以能在结论中联系起来，组成新命题，是由于中项在前提中发挥了媒介作用的结果。因此，如果中项在前提中一次也没有被断定过它的全部外延（即周延），那就意味着在前提中大项与小项都分别只与中项的一部分外延发生联系，这样，就不能通过中项的媒介作用，使大项与小项发生必然、确定的联系，因而也就无法在推理时得出确定的结论。

例

　　《西厢记》是文学作品。
　　外国小说是文学作品。
　　所以，《西厢记》是外国小说。

中项"文学作品"没有一次周延过，小项"《西厢记》"和大项"外国小说"都只是中项"文学作品"的一部分，没有一个与中项的所有外延发生联系，中项失去了中介的作用。换言之，中项或者是小项的子集，或者是大项的子集，三段论才有效。

不过，中项不周延，不是说就不能进行推理了，推理还是可以进行的，只是其结论将是或然而非必然的。

例

　　小张参加了五月份在深圳举行的红学研讨会。
　　小敏也参加同一个研讨会。
　　他们还是有可能在研讨会上相遇。

（3）前提中不周延的项，在结论中也不能周延。因为不周延就意味着只断定了它的部分外延，这样，只有部分外延跟中项发生联系，结论也只能断定它的部分外延，而不能断定其全部外延（即，"周延"），否则会犯"大项不当周延"（"大项扩大"）或"小项不当周延"（"小项扩大"）的错误。

例

　　运动员需要努力锻炼身体。
　　我不是运动员。
　　所以，我不需要努力锻炼身体。

大项"需要努力锻炼身体"在大前提中不周延，即，"运动员"只是"需要努力锻炼身体"中的一部分人，而不是"需要努力锻炼身体"的人们的全部。但是，大项"需要努力锻炼身体"在结论中却周延了，即，我不是"需要努力锻炼身体"的人们的全部。而且前面第三章"语句与判断"也讲过，否定判断谓项是周延的。

下面看我们日常思维中常有的一个简略的三段论：

　　我又不是领导，没有必要起早贪黑。

将这个简略三段论恢复完整的话，它可以表述如下：

　　领导都有必要起早贪黑。
　　我又不是领导。
　　我没有必要起早贪黑。

大项"有必要起早贪黑"在前提中不周延，在结论中却周延了。如果从中项来看，也可以看得出这个推理的乖谬所在。按照大前提，中项"领导"只是"有必要起早贪黑"的人们中的一部分，而"我"在中项"领导"之外，那么，"我"有没有"必要起早贪黑"，是或然的，是不能确定的。所以，这个推理是错误的。

例

　　美国是发达国家。
　　美国是西方国家。
　　所以，发达国家都是西方国家。

小项"发达国家"在前提中不周延，因为"发达国家"还包括中项"美国"以外的很多其他国家；但是，在结论中，"发达国家"却变成周延的，故推理不正确。

（4）两个否定前提不能得出结论。如果在前提中两个前提都是否定命题，那就表明，大、小项在前提中都分别与中项互相排斥。在这种情况下，大项与小项通过中项就不能形成确定的关系，因而不能通过中项的媒介作用而确定地联系起来，当然也就无法得出必然确定的结论。

例

> 有些深圳人不是酒鬼。
> 有些酒鬼不是大学生。
> 所以，有些深圳人不是大学生。

这一推理中，由于两个前提都是否定判断，"深圳人"与"大学生"无法通过中项"酒鬼"形成确定的关系，因而也就无法得出必然的结论。但现实中，如梅森·皮里所言，"这种谬误常常发生，因为有些人真的会相信，如果 A 和 B 排斥，B 与 C 排斥，那么 A 就与 C 排斥"①。

（5）前提中有一个否定，则结论必然否定。因为两个否定判断得不出结论，所以，如果前提中有一个是否定判断，另一个必然是肯定判断。这样，中项在前提中必然有一个项是否定关系，另一个是肯定关系。这样，大项和小项通过中项形成的关系，自然也只能是一种否定关系，因而结论必然是否定的了。

例

> 信奉绝仁弃义的人不会是儒家学者。
> 张明是信奉绝仁弃义的人。
> 所以，张明不会是儒家学者。

这个例子的简略形式是"张明不会是儒家学者，因为他信奉绝仁弃义"。

（6）两个特称前提不能得结论。两个特称前提都是肯定判断的话，由于特称肯定判断主谓项都不周延，因而犯了中项不周延的错误。两个特称前提都是否定判断的话，如（4）所言，两个否定前提得不出结论。那么，假如一个是特称肯定判断，另一个是特称否定判断呢？首先，这种情况只有特称否定判断的谓项是周延的，否则会犯中项不周延的错误。这样，大、小项在

---

① ［美］梅森·皮里著，蔡依莹、付业莉译：《有用的逻辑学》，江西人民出版社 2018 年版，第 12 页。

前提中都不周延。其次，如（5）所言，前提中有一个否定，结论必然否定。这意味着结论的谓项（即大项）必然周延。这样，大项在前提中不周延，到了结论却周延，犯了大项不当周延的错误。

例

> 有的同学不是共产党员。
> 有的共产党员是教授。
> 所以，有的同学不是教授。

（7）前提中有一个特称，则结论必然特称。由于如（6）所言，两个特称前提不能得出结论，所以，既然有一个特称，另一个只能是全称。这样会有四种组合，即，①全称肯定判断＋特称肯定判断，②全称（周延）肯定（不周延）判断＋特称（不周延）否定（周延）判断，③全称（周延）否定（周延）判断＋特称（不周延）肯定（不周延）判断，④全称否定判断＋特称否定判断。组合④首先排除，因为根据规则（4），两个否定得不出结论。至于组合①，只有全称肯定判断的主项是周延的，那么，根据规则（2）（中项在前提中至少周延一次），只能全称肯定判断的主项做中项。这样，结论的主项（即，小项）在前提中不周延，根据规则（3）（前提中不周延的项，在结论中也不能周延），结论必须是特称判断。

组合②和③都只有两个周延的项。既然含有否定，根据规则（5），结论只能是否定，也就是说，结论的谓项（大项）必须周延；根据规则（2），中项在前提中至少周延一次。这样，两个周延的项一个给了大项，一个给了中项；剩下的两个不周延的项将有一个作为小项（结论的主项）。所以，根据规则（3），小项必然不周延。小项不周延的判断是特称判断。

二、归纳推理

归纳推理是一种基于某些事物或现象的判断（前提）而得出该类事物或现象的一般性判断（结论）的推理。

归纳推理分为完全归纳推理、不完全归纳推理。

完全归纳推理，就是对某一类中所有个别对象进行考察，从而推论出该类对象所具有或不具有的某属性。从抽样的角度看，完全归纳推理就是全样本。正因为是全样本，所以其结论便具有必然性。

完全归纳推理的优势在"完全"，就是囊括所有考察对象；但是，其劣势也在"完全"，尤其现在动辄运用大数据的背景下，完全归纳推理只适用于那种对象比较有限的事物类别。

不完全归纳推理，就是对某一类中部分对象进行考察，从而推论出该类对象所具有或不具有的某属性。不完全归纳推理的结论所断定的知识范围超出了前提所断定的知识范围，因此，不完全归纳推理的前提与结论之间的联系不是必然性的，而是或然性的。也就是说，其前提为真而结论可能为假，所以，不完全归纳推理乃是一种或然性推理。

不完全归纳推理有两种形式，一种是科学归纳法，就是通过对某类事物的部分对象进行考察，在科学分析基础上，探求事物之间的因果联系。科学归纳法由于归纳中采用科学手段，引入演绎成分，结论可靠性高。

另一种不完全归纳推理是简单枚举法，即，"我们观察到某类中许多事物都有某属性，而又没有观察到相反的事例，我们就做出结论：某类事物都有某属性"①。鲁迅曾指出不完全归纳推理方法在中医的运用：

> 大约古人一有病，最初只好这样尝一点，那样尝一点，吃了毒的就死，吃了不相干的就无效，有的竟吃到了对证的就好起来，于是知道这是对于某一种病痛的药。这样地累积下去，乃有草创的纪录，后来渐成为庞大的书，如《本草纲目》就是。②

不完全归纳推理的常见逻辑错误是"以偏概全"（"轻率概括"），就是根据有限的例证便做出一般性的结论。例如，"最近老是有美国枪击事件的报道，可见美国人权状况很糟糕"，就是在以偏概全。

另外，不完全归纳推理要注意对反例的发现与重视。就不完全归纳推理而言，证明一个结论，需要足够充分的证据；而推翻一个结论，一个反例就具备足够的杀伤力了。

---

① 金岳霖主编：《形式逻辑》，人民出版社1979年版，第222页。
② 鲁迅：《经验》，见《南腔北调集》，人民文学出版社1995年版，第129页。

三、类比推理

类比推理不同于演绎推理,演绎推理是从一般到个别;也不同于归纳推理,归纳推理是从个别到一般。而类比推理是从个别到个别,是一种基于两个对象某些相同或相似的性质,推断它们在其他性质上也可能相同或相似的推理。我们平时爱说的触类旁通,就包含有类比的因素在里面。

类比推理的公式是:

A 有属性 a、b、c、d。
B 有属性 a、b、c。
所以,B 有属性 d。

类比推理是一种主观的不充分的似真推理,是或然性推理;因此,要确认其猜想的正确性,必须经过严格的逻辑论证。在常见的逻辑错误中,类比不当出现的频率特别高。

例

> 某演员曾经代言减肥茶,被消费者举报,质疑广告上写着迅速抹平大肚子,其实不灵。
>
> 该演员说:呵,你那是矫情。方便面袋上印着大虾肉块,也没见人上方便面厂上吊去;藏秘排油广告画上还有四个藏族姑娘呢,您也要?

该演员使用的是类比推理,却运用不当,为什么?因为他在把减肥茶的核心价值与方便面、藏秘排油的非核心价值进行类比。对减肥茶,消费者质疑其核心价值——减肥("抹平大肚子"),该演员本来也应该在核心价值层次类比。方便面的核心价值是什么?食用方便。该演员却忽视方便面的核心价值,转往方便面的非核心价值——大虾肉块,来跟减肥茶的核心价值进行类比。藏秘排油的核心价值是减肥,而四个藏族姑娘的图画只是交代文化背景,只是交代藏秘排油作为减肥茶的非核心价值。

类比推理需要符合两个条件,即,相类比事物的本质属性相同、共同属性与类推出的属性之间有本质联系。比如,茅草跟铁片都很薄且韧,茅草上因为上面有小细齿而能割伤手指,那么,铁片有了小细齿是不是也能割断树木?这里,茅草与铁片本质属性相同——薄且韧,类推属性——细齿能切割,而且,本质属性与类推属性之间联系密切。这里运用的就是类比推理。①

如果仅仅根据表面相似或偶然相似的情况进行类比,就会犯"机械类比"的错误。

例

> 地球和月球相比,有许多共同属性,如它们都属太阳系星体,都是球形的,都有自转和公转等。地球上有生物存在,因此,月球上也很可能有生物存在。

此例的类推属性是"有生物存在"。但是,生物存在需要有适当的温度、充足的水分和大气,这些才跟有无生物有本质联系。而此例的共同属性("太阳系""球形""自转和公转")都跟类推属性无关,也就是共同属性和类推属性之间不具有本质联系,犯了"机械类比"的错误。②

我们经常听到的"别人家的孩子",也是不当类比,因为每个孩子的成长环境和背景都是不一样的。而且尤其是,每个孩子的父母都是不一样的,孩子的差别往往是父母的差别的反映。我们不跟别人比,而跟自己比、跟自己的过去比,这才是正确类比。

在说理论证中,正确运用类比往往具有特殊的效果。

例

> 加拿大前外交官朗宁在竞选省议员时,由于他吃过中国奶妈的奶水,曾遭到政敌的攻击:"他身上一定具有中国人的血统"。朗宁反驳说:"你们是喝牛奶长大的,难道你们身上具有牛的血统?"

朗宁的政敌认为"吃了谁的奶就具有谁的血统",以此攻击朗宁"一定具有中国人的血统"。朗宁仿照政敌的思维方式,由共同属性转化到类推属性,从而反驳政敌"你们是喝牛奶长大的,难道你们身上具有牛的血统",使政敌的论证不攻自破。

---

① 彭漣漪、余式厚:《趣味逻辑》,北京大学出版社2019年版,第175页。
② 中国人民大学哲学院逻辑学教研室编:《逻辑学》(第3版),中国人民大学出版社2014年版,第225-226页。

例

  翻开美国的历史书卷,你会发现故事越来越肮脏。清教徒来到新大陆,发现了一块已经有人居住的陆地。那明明是有主之地,你凭什么声称是你发现的呢?这简直是公然的犯罪!

  这就好比我和老婆走在街上,看见你和你老婆坐在你们崭新的汽车里,然后我老婆就跟我说:"哇,我也想有一辆那样的汽车。"我回答道:"那就让我们来发现它吧。"于是我走到你和你老婆跟前说:"从这辆该死的车上滚下来!我和我老婆刚刚发现了它。"你当然会感到意外和震惊,而这多少会让你理解当初那些印第安人有怎样的感受。①

这一段类比也很精彩。"发现新大陆"与"发现新汽车"的共同属性在于"新"、在于"发现"、在于"有主",由此类推,当面对"新车"(你的车子),"我"要求"你"从"新车"上滚下来,具有犯罪属性;当面对"新大陆"(印第安人的地盘),美国人要求印第安人把土地让出来,同样具有犯罪属性。

但无论如何,类比推理到底只能提供某种或然性而不是必然性,所以只能有助于说理而不能代替说理本身。

---

① [美]文森特·拉吉罗著,宋阳等译:《思考的艺术》,机械工业出版社2019年版,第317页。

第十章　说理的常见逻辑谬误

逻辑知识对创作思维是有影响的。在高校任教中，笔者发现形式逻辑在大学教育中趋于式微。而且，学生们习作所存在的逻辑性问题令人沮丧。当然，网络新媒体勃兴固然带来众声喧哗，但也让网络新媒体日益成为形式逻辑的重灾区。凡此种种，在这门博雅课程中增加形式逻辑的比重便显得十分重要，因为逻辑跟写作尤其是说理密切相关。而随着对逻辑知识学习的深入，我庆幸自己与学生们一道受益于这种自我挑战，得以时常反躬自省，尤其对本章所提及的常见逻辑谬误的自省。对这些逻辑谬误，我不得不承认自己在说理中也是常犯的，比如，非黑即白等。

常犯这些逻辑谬误，固然有个体原因，但还因为我们基础教育中并未系统教导逻辑知识，再加上一些逻辑谬误比如人身攻击话语可以说已经沉入我们思想底层，已经成为我们习焉不察的思维定式：

大多数人都坚信——却意识不到——以下这些前提：

1. 我相信的事就是真理。
2. 我们相信的事就是真理。
3. 我愿意相信的事就是真理。
4. 相信此事对我有利，那么此事就是真理。①

这样来看，本章所讨论的逻辑谬误，可以说是对我们一些底层思维模式的清算。不清算这些"有毒的逻辑"②，不经过思维转变，很难有真正的公共说理。

讨论逻辑谬误的文献很多，各种归纳不一，而且如 Paul 和 Elder 所言，

---

① ［美］Richard Paul、Linda Elder 著，高秀平译：《识别逻辑谬误》，外语教学与研究出版社 2019 年版，第 10 页。

② ［美］罗伯特·古拉著，邹东译：《有毒的逻辑》，机械工业出版社 2017 年版。

"列出一个无所不包、穷尽所有的谬误清单是不可能的"①。为此，本讲在前人论述的基础上将主要介绍五大类逻辑谬误，即，心理相关型谬误、证据不足谬误、不当预设谬误、分散注意力谬误、歧义谬误。

一、心理相关型谬误

心理相关型谬误是"论证者利用语言表达感情的功能，用言词激发人们心理上的恐惧、敌意、怜悯或热情，以诱人接受其论题"②。通俗地说，就是动之以情，而不是晓之以理，以情感取代说理。此类谬误因其旨在作用于人的心理而得名。

心理相关型谬误主要有人身攻击、诉诸权威、诉诸大众、诉诸情感四种。

（一）人身攻击

说理是就事论事，就某件事提出某个观点，然后以论据来论证该观点的正当性。如果反驳，也是针对该观点的论据或论证来进行反驳。但是，人身攻击却避开反驳论据或论证，而是通过直接攻击对方人格进而否定对方观点。最简单的人身攻击是污损对方、搞臭对方，比如使用"衣冠禽兽""小丑""败类""狐狸精""缩头乌龟"一类的词汇，丑化对方，破坏对方形象，继而攻击对方言论是错的。这种方法是让人们先在情绪上厌恶对方，再在言论上不相信对方，从而达到因人废言的目的。

例

> 这样的人三观不正啊，长得漂亮就可以想干嘛干嘛了？美丽的皮囊之下包裹着一个丑陋的灵魂。

从说理角度而言，这是典型的因人废言。不是就事件来论是非曲直，而

---

① ［美］Richard Paul、Linda Elder 著，高秀平译：《识别逻辑谬误》，外语教学与研究出版社 2019 年版，第 13 页。

② 中国人民大学哲学院逻辑学教研室编：《逻辑学》（第 3 版），中国人民大学出版社 2014 年版，第 270 页。

是就事件主人公来论其人格，预设的大前提是：外表美丽必然三观不正、灵魂丑陋、为所欲为。不过，根据钱钟书考证，这种"美色恶心"观的历史渊源还挺长，《国语·晋语》说："虽好色，必恶心"；《荀子·君道》说："语曰：'好女之色，恶者之孽也'"。[①] 钱钟书不由得感叹："盖男尊女卑之世，口诛笔伐之权为丈夫所专也。"[②]

例

  一个在野鸡大学毕业，卖保险的（美其名曰金融行业从业者），自己花钱买书号出书，能有多高的写作水平？

写作水平跟毕业学校、从事职业、如何出书毫无关联。但是，论者只字不提写作水平到底低在哪，而是先丑化对方——"野鸡大学"、"卖保险"（诉诸对保险从业人员的偏见）、"买书号"，继而隐含的结论是"这么丑陋的人写的东西，还值得看？"。正确的说理应该就写作水平之低举出具体实证并说明道理。

例

  甲：我认为参加女生联谊会纯粹是浪费时间和金钱。
  乙：你当然那么说了，反正什么联谊会都不收你。

这种人身攻击在日常生活中被使用得较为普遍。乙回避对"女生联谊会是否浪费时间和金钱"的讨论，而是直接攻击甲。说理中，我们要牢记，人与事分开。

人身攻击更隐秘的形式是指责动机，比如："这充分暴露了他的狼子野心""他的这一险恶用心早已大白于天下"。

不过现在网络上流行的一种普遍做法是，先指责一个人这么说是为了刷流量、蹭热度、炒作、出名，或者得了好处，再反驳这个人所说的话。但是否蹭热度、刷流量、炒作、出名、得好处，均跟说话属实和在理与否没有本质联系。

[①] 钱钟书：《管锥编》，生活·读书·新知三联书店2007年版，第352页。
[②] 钱钟书：《管锥编》，生活·读书·新知三联书店2007年版，第353页。

（二）诉诸权威

诉诸权威的谬误在于引用权威看法为说理依据。首先，权威都有自己的专业特长所在领域，如果不在权威的领域范围，其看法跟普通人的一样，不具有作为论据的基础。比如，一个英语权威来谈媒体融合的话题，其观点不具有作为论据的理由。其次，即便在自己专长范围内，只是直接诉诸权威的观点也不合适，还应该对观点的证据与论证有所知悉，以及注意到该观点在专业领域内的认可度。但是，在现实生活中，无法验证权威说法的现象是普遍存在的，所以，我们要一方面尊重权威说法，一方面保持合理怀疑。当然，权威不一定只是专家，还可能是有关部门、法律法规、国家政策、国际标准、传统、经验、信仰、誓言等一切被说理者目之为权威的事物。

例

> 有关专家声称，深圳近日不可能有强降雨。
> 因为不能根据国际贸易标准来衡量该公司，所以该公司不具有投资价值。
> 国家没有出台相关法律法规处罚网络诈骗，所以，网络欺诈没有错。
> 坐月子期间不能洗澡，我们老家一直是这样的。
> 听我的没错，我吃的盐比你吃的米还多。

"有关专家""国际贸易标准""国家法律法规""老家（做法）"、老谱等皆属于权威之列。

（三）诉诸大众

以大众的意见为论据，从而推断某观点为真。但是，大众的意见未必就是可靠的，以之为论据，与其说为了说理，毋宁说为了造成对方心理压力，即鲁迅所言："众口铄金，积非成是。"①

---

① 鲁迅：《述香港恭祝圣诞》，见《三闲集》，人民文学出版社1995年版，第43页。

例

一位老师因自己班级丢了东西，查不出谁偷的，于是请全班同学投票"选小偷"。被选出的同学问有什么证据时，老师摇晃着一叠投票说："大家选你，你就是小偷。"

这固然是个小故事，但还是凸显了诉诸大众的荒谬。

例

庞恭与太子质于邯郸，谓魏王曰："今一人言市有虎，王信之乎？"（王）曰："不信。""二人言市有虎，王信之乎？"曰："不信。""三人言市有虎，王信之乎？"王曰："寡人信之。"庞恭曰："夫市之无虎也明矣，然而三人言而成虎。"[①]

《韩非子》里面这个故事也生动地说明了大众传言的威力与效果。

生活中，我们都很容易产生从众心理，所以，往往无意识地会受到诉诸大众谬误的影响。而事实上，多少人相信一个判断跟该论断是否为真没有本质联系。大众意见到底只是意见，不能直接当作社会现实理解。比如当下年轻人中流行的"佛系""躺平"，听听尚可，但如果真的以此为据而以为是中国当今之现实，那真是大谬。再比如，"养儿防老"也可算是代代承传的"大众意见"了，尤其在某些农村地区甚至被人们看作当然的社会现实、生命的真正意义所在，从而视孩子为自己所有物，让孩子人生附着于自己人生。但是，稍微有些反思精神的人应该都会认识到，这不过是一种偏见。

（四）诉诸情感

诉诸情感是指试图通过诉诸人的情感来说理，而不是理性地去论证。这是一种情感绑架和情绪操纵，与说理无关。当我们用情感来代替事实、将情感当作证据来使用时，就会出现这种谬误。

[①] 《韩非子·内储说上》，见〔清〕王先慎撰，钟哲点校：《韩非子集解》，中华书局1998年版，第222页。

例

　　教育部领导针对部分教师和学生的不当言论进行了点名。由此可见类似事件造成的不良影响有多大，对同胞感情伤害有多深。

这里不是讨论事件本身，而是臆测事件的后果、诉诸情感，通过"不良""伤害"等概念来唤起人们的情绪，回避说理。

当然，人类情感分很多种，此处略举若干类别。

1. 同情

例

　　老师，我这次期末没有考好，不是我不想好好复习，而是这段时间事情实在太多。上个月男朋友突然跟我提出分手，我措手不及痛不欲生，于是外出旅游，又不小心感染了新冠病毒，虽然是无症状，但到底又被迫隔离两周。隔离出来后，我父母偏偏在这节骨眼离婚，爷爷听到这消息，突发心肌梗死去世了。老师，你看哪个人能面对这么一股脑儿袭来的事情，还能好好复习？老师，请你能理解我的处境，多点同情心吧，我还要出国留学，GPA 非常重要。

这种诉诸同情的说理看似理由充分，实际上是在利用同情为自己没好好复习开脱。

2. 罪恶感

有人在社交平台上同时登载一张饥饿儿童的照片、一张温馨家庭聚餐的照片，并配上图片说明如下：

　　你们衣食无忧，你们什么都不缺。比起全世界上百万的挨饿人群，你们心安理得。

这是《有毒的逻辑》一书的经典例子，这些图片和文字让你一方面对自己生活的舒适有罪恶感，一方面为自己不捐款的行为而有罪恶感。

对此，该书作者罗伯特·古拉的延伸说明很有意思：

　　第一，任何人无权践踏我们的情感天平。第二，除非能给出充足的理由支持我们应该有罪恶感的推测，否则此种推测无足轻重。

第三，就算我们有罪恶感，也没有任何理由去做宣传所鼓吹的事情，因为仍然无法保证我们的捐赠会（给饥饿人们）带来任何明显的好处。[①]

例

小红在饭店看到小明吃狗肉，于是上前训斥道："你怎么可以吃狗肉！小狗多么可爱，就像小朋友一样，你忍心伤害小朋友吗？"

这个小故事也是诉诸情感，因为法律并没有明文规定不可以吃狗肉。而且，以小狗跟小朋友做类比，犯了不当类比的错误。

3. 恐惧

诉诸恐惧在文化中比较普遍，像有些人小时候有过这样的经历——孩子哭，大人说："赶快别哭，再哭坏人要来抓你了。"恐惧主要来自未来的不确定性。当任何人把恐惧当作未来事实来想象的时候，恐惧无疑很有说服威力。诉诸恐惧的典型句式是"后果不堪设想"。

例

如果你们再这样折腾下去，组织必然四分五裂，咱们不能再乱了。

这是诉诸恐惧，恐惧代替了辨析与讨论，比如，"折腾""四分五裂""乱"等抽象程度很高的概念都需要通过说理过程而趋于明晰和形成共识。

二、证据不足谬误

证据不足谬误，指的是"由于缺乏论据的充分支持，而使论题不能成立的错误论证"[②]。换言之，即使所有前提都为真，也不能确保结论为真。

常见的证据不足谬误主要有滑坡谬误、以偏概全、假性因果三种。

---

① [美]罗伯特·古拉著，邹东译：《有毒的逻辑》，机械工业出版社2017年版，第8页。
② 中国人民大学哲学院逻辑学教研室编：《逻辑学》（第3版），中国人民大学出版社2014年版，第278页。

（一）滑坡谬误

滑坡谬误指不合理地使用一连串因果关系而导致的证据不足谬误。这种谬误等于先有结论，然后为了证明这个结论是对的，从而去联想去寻找一些所谓的证据。具体地，为了论证 A 应该发生，你由 A 不发生的假设出发而生出一个联想的证据链条：如果 A 不发生，那么 B 就会发生；如果 B 发生了，那么 C 就会发生；以此类推，一路滑下去，一直到 Z 的发生。而 B、C、D……Z 都是不好的；所以，应该让 A 发生。反之亦然，如果为了论证 A 不应该发生，你便由假设 A 发生出发而衍生出一个相应的证据链条。

例

> 名不正，则言不顺；言不顺，则事不成；事不成，则礼乐不兴；礼乐不兴，则刑罚不中；刑罚不中，则民无所措手足。①

为了论证"正名"的必要性，孔子使用的就是一个未经证实存在因果联系的证据链，系滑坡谬误。

例

> 一见短袖子，立刻想到白臂膊，立刻想到全裸体，立刻想到生殖器，立刻想到性交，立刻想到杂交，立刻想到私生子。
> 中国人的想像惟在这一层能够如此跃进。②

鲁迅这里一语道破滑坡谬误的核心所在，一为想象，一为跃进（或者说"递进"）。

例

> 没错，亲个嘴可能没什么严重的，可是你别忘了，亲完嘴会干什么，之后又会干什么？你还不知道怎么回事儿呢，就已经怀上孩

---

① 《论语·子路》，见〔清〕刘宝楠撰：《论语正义》，中华书局 1990 年版，第 521–522 页。

② 鲁迅：《小杂感》，见《而已集》，人民文学出版社 1995 年版，第 129 页。

子了!你这一辈子就被毁了!①

这位家长训斥孩子的话使用的策略就是滑坡谬误,亲嘴的举动犹如推倒了孩子未来的多米诺骨牌一样,不堪设想。除滑坡谬误外,这段话还使用了诉诸恐惧策略。

滑坡谬误存在两个以上的因果推导。而一个原因未必导致一个结果,这样,层层推导未必就会发生说理这推导的结果。而且,这种谬误还把上一个因果推导的可能性,转化为下一个因果的必然性,但或然是不能推出必然的。

例

如果不好好学习,就上不了好高中,上不了好大学,找不到好工作,就只能扫大街!你难道想一辈子扫大街吗?

撇开这里缺乏对"好高中""好大学""好工作"的界定,及其流露的职业歧视不论,单从说理角度而言,这也是滑坡谬误。比如,好大学的学生不一定都是从好高中毕业,找到好工作的人也不一定都是从好大学毕业。

(二) 以偏概全

以偏概全就是以少数特例来概括全部,从而在证据不充分时就得出一般性的结论,又叫"轻率概括"。

例

男人没有一个好东西。

这是以偏概全,因为不能以少数特例推及整个男人群体。贾宝玉说:"女儿是水做的骨肉,男人是泥做的骨肉。我见了女儿,我便清爽;见了男子,便觉浊臭逼人。"② 其实,人的好坏跟性别无关。套用贾宝玉这句式就是,男人也有水做的,见了感觉清爽;女儿也有泥做的,见了便觉浊臭。

---

① [美] Richard Paul、Linda Elder 著,高秀平译:《识别逻辑谬误》,外语教学与研究出版社 2019 年版,第 25 页。

② 〔清〕曹雪芹、高鹗:《红楼梦》,人民文学出版社 1982 年版,第 28-29 页。

例

> 舜发于畎亩之中，傅说举于版筑之间，胶鬲举于鱼盐之中，管夷吾举于士，孙叔敖举于海，百里奚举于市。故天将降大任于是人也，必先苦其心志，劳其筋骨，饿其体肤，空乏其身，行拂乱其所为，所以动心忍性，曾益其所不能。①

孟子这段话固然励志，但仅凭六个个案便生发出这个结论，毋宁说以偏概全，结论先行。

对以偏概全，中国人民大学哲学院逻辑学教研室称之为"特例概括"更有助于人们理解这一谬误。② 也就是说，是否属于以偏概全，取决于个例的典型性。如果个例不具有典型性而是特例，呈现为非典型特征，那么，由此而推理出一般性结论就是以偏概全。

例

> 据报道，近年长三角等地区频频出现"用工荒"现象，第二季度我国空缺与求职人数的比率均为1.06，表明劳动力市场需求大于供给。

空间上，我国地域辽阔，地区差异大，以"长三角等地区"作为个案不具有典型性；时间上，我国劳动力供给不是一直呈现为均匀状态，以"第二季度"作为个例也不具有典型性。因其时间和空间都不具有典型性，故其推论"劳动力市场需求大于供给"是在"以偏概全"。

（三）假性因果

假性因果又称"虚假原因"，指没有充分证据便推论事件 A 和 B 之间存在因果关系的逻辑谬误。

例

> 多难兴邦。

---

① 《孟子·告子下》，见〔清〕焦循撰：《孟子正义》，中华书局1987年版，第864页。
② 中国人民大学哲学院逻辑学教研室编：《逻辑学》（第3版），中国人民大学出版社2014年版，第280页。

"多难"并不会必然导致"兴邦",只有在灾难中总结教训,反思错误,积累经验,才会为兴邦创造条件。否则,多难只能给国家带来毁灭性的后果。

例

> 因为车主把轿车停在自家庭院内而没有上锁,所以才导致两小孩钻进车内、误触中控而锁死车门出不来,最后窒息死亡。

车子没有上锁与两小孩车内窒息而亡二者之间有关联,但没有必然联系,而且是在自家庭院而非公共空间。该起事故的真正原因是父母作为小孩监护人没有尽到监护责任,失职而酿成事故。所以,后来警方通报认为,车主不承担刑事及民事责任。

丹尼尔·卡尼曼在《思考,快与慢》一书中讲过这样一个故事。以色列空军经验最为丰富的一位飞行教练告诉他:

> 在很多情况下,我会赞许那些完美的特技飞行动作。不过,下一次这些飞行员尝试同样飞行动作的时候,通常都会表现得差一些。相反,对那些没执行好动作的学员我会大声怒吼,但他们基本上都会在下一次表现得更好。[1]

对此,丹尼尔·卡尼曼认为"这个教练把不可避免的随机波动与因果解释联系起来了",因为现实生活中普遍存在回归平均值现象:

> 一般来说,只有学员的表现远远超出平均值时才能得到这位教练的表扬。但也许学员只是恰巧在那一次表现得很好,而后又变差,这与是否受到表扬毫无关系。同样,或许学员某一次非同寻常的糟糕表现招来了教练的怒吼,因此接下来的进步也和教练没什么关系。[2]

也就是说,飞行员表现是回归平均值现象,这个教练所暗含的"惩罚更

---

[1] [美]丹尼尔·卡尼曼著,胡晓姣、李爱民、何梦莹译:《思考,快与慢》,中信出版社2012年版,第156–157页。
[2] [美]丹尼尔·卡尼曼著,胡晓姣、李爱民、何梦莹译:《思考,快与慢》,中信出版社2012年版,第156–157页。

有效"的因果推断是假性因果。

"后此谬误"也是假性因果的一种，就是事件 A 发生在前，事件 B 发生在后，从而推论认为，事件 A 是事件 B 发生的原因。这在逻辑上犯了"在此之后即因此之故"的错误。

例

喜鹊叫，喜事到；眼睛跳，祸事到。

喜鹊、喜事之间可能先后相继发生，但不具有因果联系，毋宁说是一种迷信。眼睛跳与祸事到之间即便有时间的先后，也不能就此断定二者之间有因果联系。

例

昨天考完托福就肚子疼，上次考托福也是，以后我再也不考托福了。

考托福和肚子疼虽然先后发生，而且还发生过两次，但二者不具有因果联系。

当然，有的事件先后发生但确有因果关系。比如，雨过天晴、乍见彩虹，二者就不是假性因果，因为，下雨后空气中有许多小水滴，这时候天晴了，太阳光穿过水滴同时会反射和折射，从而形成彩虹现象。

三、不当预设谬误

不当预设谬误，是指前提中暗含了不当的假设。

任何判断都会有个预设在里面，例如，"你怎么可以不敲门就进入我的房间呢"这句话的预设是，房间是我的隐私之地，隐私是需要被尊重的。

预设是隐含的，是判断的先决条件；对判断来说，预设被当成了理所当然，不被拷问。但是，一些逻辑谬误恰恰就是预设有问题，恰恰因为把本不应视为理所当然的预设视为了理所当然，从而发生推理谬误，这就是不当预设谬误。

例

> 你如果爱我,就不会不陪我。

这句话的预设是:陪伴是爱的应有之义。不过,如果他(她)读了查普曼的书《爱的五种语言》就会知道,每个人爱的语言都未必相同。[①] 不陪伴未必就表示不爱。这就是一个不当预设谬误。

例

> 他妈妈应该交党费。

预设是"他妈妈是党员",所以应该交党费。这个判断等于肯定了预设为真,肯定了他妈妈的党员身份。但是,如果"他妈妈不是党员",那么,"他妈妈应该交党费"这个判断就失去了存在的先决条件,就犯了不当预设谬误。

一个判断不一定只包含一个预设,也有可能包含好几个作为隐含判断的预设。比如,刚才的例句"他妈妈应该交党费"包含几个预设:

> 他有妈妈。
> 他妈妈还在世。
> 他妈妈是党员。
> 他妈妈没有交党费。

上面任何一个预设为假,"他妈妈应该交党费"这一判断都属于不当预设而没有意义。

不当预设谬误主要有复杂问题谬误、诉诸无知、循环论证、乞求论点、非黑即白五种。

(一) 复杂问题谬误

复杂问题谬误是指,"在疑问句中,暗含不恰当的预设,预先假定对于一个在线未问的问语,已经给出肯定的回答,而这个回答,是未经对方认可的"[②]。也就是人们常说的"前提就是错的"。通俗地讲,就是"陷阱问题"

[①] [美]查普曼著,王云良、陈曦译:《爱的五种语言》,江西人民出版社 2000 年版。
[②] 中国人民大学哲学院逻辑学教研室编:《逻辑学》(第 3 版),中国人民大学出版社 2014 年版,第 277 页。

"诱供"。对于这种预设，无论你回答"是"或者"否"，都无异于肯定了作为陷阱的预设。

例

你现在不再拈花惹草了吧？

这个问题的预设是，"你之前是拈花惹草的"。你回答"是"，等于肯定了这个陷阱预设，只不过"拈花惹草"是过去式而已；你回答"否"呢？也等于肯定了这个陷阱预设，而且"拈花惹草"一直从过去延续到现在。

例

我们是应该继续跟他们谈判忍受他们有意刁难，还是应该停止跟他们谈判专心发展自己？

这个问题就暗含了好几个假设，假设一是"他们谈判就是有意刁难"，假设二是"他们之前的谈判都是有意刁难"，假设三是"跟他们谈判导致我们无法专心发展自己"，假设四是"跟他们谈判与发展自己相对立"。对这个问题，你回答"是"或者"否"都等于肯定了上述这几个预设。从推理角度来说，这每一个假设都是需要经过证明的，否则，作者在提问时就把这些假设当作了理所当然的前提硬塞给对方，犯了复杂问题谬误。

对复杂问题谬误，无法用"是"或"否"来回答，而应该直接挑明其预设，继而消解其预设。比如对"你是赞成专制与有秩序，还是拥护民主与混乱？"这个提问，你可以回答："我赞成有秩序但不赞成专制，我拥护民主但不拥护混乱"，使得该提问的预设"专制等于有秩序，民主等于混乱"不证自明之荒谬得以昭然。

（二）诉诸无知

诉诸无知，是不能证实或者证伪一种情况存在便推断其相反的情况存在的谬误，就是以无知作为论据。简言之，你无法证明这件事为真，所以，这件事为假；你无法证明这件事为假，所以，这件事为真。

例

别跟我争了，你能证实你的观点吗？你不能证实，当然是你错了。

这是诉诸无知的典型例子。未能证明自己的观点，未必就一定说明你是错的。

例

> 你无法证明没有鬼神，所以有鬼神。

这个例子让我们看到，诉诸无知其实是在逃避举证而进行诡辩，从而反过来"指控"对方不举证。

例

> 她一定没有男朋友，因为没有人能证明她有男朋友。

对"她"是否"有男朋友"，人们是无知的。但是，不能就此推论"她"一定"没有男朋友"。无知就意味着可能性的存在。

诉诸无知的荒谬在于：无法证明一种情况存在，不代表它必然不存在、必然为假，也不代表它必然存在、必然为真。反之亦然。但是，无法证明为真的判断，不能作为有效论据进行推论。诉诸无知恰恰是在利用无法证明为真的判断进行推论。

现实中，谁提出某个观点，谁就负有证明该观点的责任。但诉诸无知者却反过来要求对方证明自己。既然对方不能证明自己，所以，我的观点成立。这实际上是在推诿和转移证明的责任，把本该由自己承担的证明责任推卸给对方。

例

> 你不能证实你的观点，当然是你错了。

"你错了"这是言者所得出的结论，那应该是言者举证。但是，言者却不举证，将举证的责任推给对方。

在不公平的司法实践中的有罪推定也是暗含了诉诸无知逻辑。有罪推定是指未经证实以及司法机关依法判决有罪之前，对有关人员预判为有罪。刑讯逼供、屈打成招，就是有罪推定的明证。

有罪推定的诉诸无知逻辑是，"被告人无法证明自己是无罪的；所以，被告人是有罪的"。也就是说，被告人有举证自己无罪的责任，否则就可以推定其有罪。可以看出，有罪推定不但在推理形式上与诉诸无知相同，而且在转移证明责任上也吻合于诉诸无知谬误，即，控诉人把本应该自己承担的证明责任转移给了被控诉人。

我们可以通过武则天时期的唐朝的一个案例来管窥基于诉诸无知谬误的有罪推定之历史绵延，以及被控诉人剖白自己无罪之艰难。当时，有人告发皇太子李旦（后来的唐睿宗）有谋反之心，于是：

> 太后命来俊臣①鞫②其左右，左右不胜楚毒③，皆欲自诬④。太常工人京兆⑤安金藏⑥大呼谓俊臣曰："公既不信金藏之言，请剖心以明皇嗣⑦不反。"即引佩刀自剖其胸，五藏皆出，流血被地。⑧

与有罪推定相反，无罪推定是指未经证实以及司法机关依法判决有罪之前，任何人都不得被确定为有罪，而应视其为无罪。无罪推定的逻辑是，控诉人无法证明被控诉人是有罪的；所以，被控诉人是无罪的。

虽然从推论形式上看，无罪推定与诉诸无知相同；但从责任主体上看，二者有本质不同，即，诉诸无知论证转移了举证责任，无罪推定并未转移举证责任。⑨ 因为无罪推定秉持"谁主张、谁举证"，控诉人负有证明被控诉人有罪的责任，而不是如有罪推定那样，要求被控诉人承担证明自己无罪的责任。

所以，有罪推定是诉诸无知的一种，形神兼备；而无罪推定与诉诸无知形似神不似。

（三）循环论证、乞求论点

循环论证是"将结论证明的事实当作支持结论的证据，因此争论一直在

---

① 来俊臣：武则天时期酷吏，以刑讯逼供著称，请君入瓮的发明人，最后因民愤太大而被武则天处死。
② 鞫：音 jū，审问。
③ 楚毒：酷刑。
④ 自诬：自己捏造不实之词，以承认有罪。
⑤ 京兆：西安古称。
⑥ 安金藏：唐代人名，当时作为太常工人出入太子府。
⑦ 皇嗣：皇太子。
⑧ 〔宋〕司马光撰，〔元〕胡三省注：《资治通鉴》，中华书局2011年版，第6605页。
⑨ 王建芳：《无罪推定与诉诸无知论证比较研究》，《北京理工大学学报》（社会科学版）2006年第4期，第36页。

绕圈圈"①。

例

> A：老师，我并没有做过这件事。小史可以担保我的诚实。
> B：为什么我要相信小史？
> C：老师，我可以保证他的诚实。②

"我"的诚实由小史担保，小史的诚实由"我"担保。这两个判断都是未被证实的，两个未被证实的判断互相证明对方，陷入循环论证的谬误。

例

> 卖国贼是说谎的，所以你是卖国贼。我骂卖国贼，所以我是爱国者。爱国者的话是最有价值的，所以我的话是不错的，我的话既然不错，你就是卖国贼无疑了！③

用"你是卖国贼"来论证"我是爱国者"，再用"我是爱国者"来证明"你是卖国贼"，两个命题互为证据，却都未被充分证实。

乞求论点是以假定为正确的观点作为前提而推理出结论。

例

> 堕胎是谋杀，而谋杀是非法的，所以堕胎不能合法化。

"堕胎是谋杀"作为前提本身是需要被证明的，但是在这里却变成不言自明。这个不言自明的前提只是结论"堕胎不能合法化"的变种而已。

这样来看，乞求论点、循环论证都是已经先有了一个结论，然后再把结论当作前提，再由前提推出结论。鸡生蛋、蛋生鸡，自说自话，换汤不换药。

---

① ［美］梅森·皮里著，蔡依莹、付业莉译：《有用的逻辑学》，江西人民出版社 2018 年版，第 169 页。
② ［美］梅森·皮里著，蔡依莹、付业莉译：《有用的逻辑学》，江西人民出版社 2018 年版，第 169 页。
③ 鲁迅：《论辩的魂灵》，见《华盖集》，人民文学出版社 1995 年版，第 20 - 21 页。

(四)非黑即白

非黑即白,指对不止两种可能的事物,只设定对立的两种可能性。即,将事物一分为二,而忽略和隐去所有中间的可能。

例

> 不是你死就是我活。

在某些场合,这也是非黑即白。世界这么大,为什么容得下你就一定非要容不下他(她)?造物主为你打开了一扇门,干吗就非得为他(她)关上那扇窗?比如"惹不起躲得起"至少算得上这种黑白之间的中间道路之一。

非黑即白由于极端化而具有震撼力从而容易煽动仇恨、挑逗情绪,为此通常被用作政治操纵工具,旨在使人们两极分化,使一方英雄化并将另一方妖魔化。在政治话语中,这是一种强有力的站队方式。

例

> 人类与病毒是什么关系?有你无我、你死我活的关系。不是人类消灭病毒,就是人类被病毒吞噬。

这也是非黑即白,没有对现实状况准确地进行分析。就现实状况来看,人类没有能够消灭病毒,病毒也没有能够吞噬人类。

非黑即白的思维在日常生活中比较普遍。比如,女朋友说:"你每次进电梯,都不先让我进,都是自己先进,一点绅士风度都没有。"男朋友说:"在你眼里,我就没有做对事情的时候,我做的都是错的。"就这样,两人吵了起来。这个男朋友就是一种非黑即白的思维,因为女朋友只是指出男方在没有让女士优先进电梯这件事上不对,但并不表示女朋友的意思就是说他所有事情都做错了。"一件事做错"和"所有事做错"之间还有很多中间状态,男朋友这里就是非黑即白的思维。

四、分散注意力谬误

分散注意力谬误,指在论证中利用转移话题、捏造假想敌等偷梁换柱手段来分散对方的注意力,继而针对转移后的话题来进行说理的谬误。分散注意力谬误主要包括红鲱鱼谬误、稻草人谬误两种。

(一) 红鲱鱼谬误

红鲱鱼谬误即转移话题谬误,就是将一个没有关联的话题插进来,以转移对手或读者的注意力,就是顾左右而言他。据称,鲱鱼烟熏后会变为红色,带有刺激性气味,能够干扰猎犬的嗅觉。这样,当猎犬在追踪猎物时,在猎场周围放置红鲱鱼就能转移猎犬的注意力。由此,红鲱鱼被借用来形容逻辑上的转移话题谬误,相应地称之为"红鲱鱼谬误"。

例

> A:最近这场大洪水历史罕见,死伤人数不少,令人唏嘘。
> B:这是天谴,是老天爷看不下去了。

A 说的是洪水造成伤亡这一客观事实,B 却打断这一话题,强行插入所谓的天意问题。倘若 A 由此接着 B 的话语谈论天谴,那么话题就成功地由洪水伤亡转移到了天意。

例

> A:小红最近发表了好几篇高水平的研究论文,她的确很有科研实力。
> B:她那么有科研实力,怎么教授一直评不上?

A 谈的是科研实力,B 则将话题转向了评职称。

例

> 晋人责王、何之行准老、庄,清人乃驳之曰:"妄哉!吾只读其言称周、孔!"问阴对阳,论西诘东,亦何异齐景公睹晏子之妻老丑而坚不信其曾少且姣乎?[①]

晋朝人认为魏晋玄学代表人物王弼、何晏行为效法老子、庄子,清朝人反驳认为王弼、何晏言语称道周公、孔子。这是在代际转移话题,钱钟书因此评说这是"问阴对阳,论西诘东"。

---

① 钱钟书:《管锥编》,生活·读书·新知三联书店 2007 年版,第 1789 页。

（二）稻草人谬误

稻草人谬误是先歪曲对方观点，树立起一个"稻草人"（假想敌），然后批评这个对方并未提出的观点、攻击这个稻草人，通过这种分散人们注意力的方式批评对方。实际上，稻草人与对方原有观点并无关系。

例

A：今晚太忙了，没有及时回你微信。

B：哼，你不爱我了。

"你不爱我"是 B 对 A 的曲解和假想，偏离了 A 原有的话题——没有及时回微信。"爱不爱我"这个稻草人观点跟原有观点"太忙而没有回微信"之间并无关系。

例

A：校长的毕业典礼演讲词讨论的是流行话题，论据引用的是流行歌词，但缺乏真正的说服力，缺少直戳人心的力量，反倒有点像自降身份、想要讨好观众的自媒体爆文。

B：你咋这么看不惯校长呢？校长到底是你母校的领头人啊。

评论校长的毕业典礼演讲词，不代表就在评论校长本人。A 评论的是校长的毕业典礼演讲词，却被 B 曲解为评论校长本人，继而 B 开始攻击评论校长本人的不对处所在。这就是在树立稻草人，"看不惯校长"这个稻草人并不是 A 的原有观点。

例

杨氏为我，是无君也。墨氏兼爱，是无父也。无父无君，是禽兽也。①

自利"为我"并不必然意味目中"无君"，却被孟子认为"无君"；平等"兼爱"并不必然意味目中"无父"，却被孟子认为"无父"。"无君无

---

① 《孟子·滕文公下》，见〔清〕焦循撰：《孟子正义》，中华书局 1987 年版，第 456 页。

父"这个稻草人被树立起来以后,孟子再攻击稻草人为"禽兽"。

稻草人谬误是以歪曲对方观点代替对对方观点的分析和解读,本质上是一种偷换概念或议题。

美国学者亨廷顿在探讨文明的冲突时认为:

> 这个命题在学者中几乎不存在异议,即,传统的儒学是不民主或反民主的……事实上,儒家社会和受儒家影响的社会并不欢迎民主。①

儒家社会不民主,被亨廷顿曲解为"儒学不民主","儒家社会"被偷换成"儒学",从而将儒学虚构为民主的假想敌。亨廷顿的"儒家"或"儒学"过于宽泛,几乎等同于"中国的"或"中国"。他的简述讲的更多的是笼统的帝制中国的特征而非儒学本身。他不但忽视了儒家的批判性,也忽视了帝制中国积极的特征。儒者王韬与康有为恰恰是中国早期民主政治体系的崇拜者和提倡者。儒学不是反民主的,而有可能是与民主相容的。

五、歧义谬误

歧义谬误,指的是因为语言歧义导致在实际应用中概念被误用、推理无效的谬误。歧义谬误本质上是由语言文字本身的局限性所决定的。我们在"写作的基本原则"一章中详述过,语言是静态的,现实是动态的;语言是有限的,现实是无限的;语言是抽象的,现实是具体的。也就是说,歧义的可能是客观存在的,当这种可能在实际运用中成为现实,那便成了歧义谬误。歧义谬误大体可分为三种:语义歧义谬误、结构歧义谬误、去除情境歧义谬误。

(一)语义歧义谬误

语义歧义源于第一章讲述的词语的多义性,指由于一词多义而产生的歧义。

---

① 转引自[美]余英时著,程嫩生、罗群等译:《人文与理性的中国》,上海古籍出版社2007年版,第321页。

例

  A：人在地球上已经生存了几百万年了。
  B：怎么可能，世界上最长寿的人也不过一百多岁。
  A说的"人"是说整个人类的意思，而B说的"人"指的个体的人。这种谬误即为B利用语义模糊偷换概念。

例

  幸福是生命的终点，生命的终点是死亡，所以幸福是死亡。①

第一个"生命"是在抽象意义上被使用的，第二个"生命"是在具体意义上被使用的。该例证将两个意义混用，从而造成语义模糊谬误。

（二）结构歧义谬误

结构歧义指的是结构相同却因为重音不同、断句不同、词性不同、理解不同等而产生的歧义。

例

  给你，你相机。
  给你，你像鸡。

重音不同，两个句子所表示的意义会明显不同。

例

  行人等不得在此小便。
  这句话既可断成"行人等，不得在此小便"，也可断成"行人等不得，在此小便"。断句位置不同，含义迥异。

例

  小明原来是小红的男朋友。
"原来"作名词指的是"以前""过去"，作副词指的是对当下所发现实

---

① [美]梅森·皮里著，蔡依莹、付业莉译：《有用的逻辑学》，江西人民出版社2018年版，第37页。

情的惊讶。

例

　　放弃美丽的女人让人心碎。

这句话中的"女人"既可理解为主体,即,"放弃美丽"的女人;也可理解为受体,即,放弃"美丽的女人"。

(三) 去除情境歧义谬误

去除情境歧义是指忽略或忽视特定语境而产生的歧义。

例

　　B是男生,A是男生的朋友。
　　A:你要结婚了吗? 对方是谁?
　　B:女人。
　　A:当然是女人,哪能和男子结婚。
　　B:我妹妹就是和男子结婚的。

B的回答是在利用语义的模糊而忽略谈话的语境。现实中,语言使用都会相应地注入语境因素。就这个例子而言,A的问题"对方是谁?"是承接上一个问题"你要结婚了吗?"而来,那很明显是问B的另一半姓甚名谁,而不会是问B的另一半的性别。A的第二句在这种谈话中显然是说,B作为男生哪里有和男子结婚的现象出现。B的第一个回应是利用语义模糊回避问题,答非所问;第二个回应是利用语义模糊转移话题,把"男人不会同男人结婚"的问题,转换为"女人可以和男人结婚"的问题。可能有人会问:假如B是同性恋呢? 有这样疑问者同样忽略了语境,因为在中国当前语境中,同性婚姻尚未合法化。

例

　　(曹)操与(陈)宫坐久,忽闻庄后有磨刀之声。操曰:"吕伯奢非吾至亲,此去可疑,当窃听之。"二人潜步入草堂后,但闻人语曰:"缚而杀之,何如?"操曰:"是矣! 今若不先下手,必遭擒获。"遂与宫拔剑直入,不问男女,皆杀之,一连杀死八口。搜至厨下，却见缚一猪欲杀。①

这个血案的关键在于"缚而杀之"的歧义，而歧义即源于语境的去除。当时厨房的人说"缚而杀之"，这个"之"指的是那头猪。而曹操缺乏"缚而杀之"的对话语境，造成去除语境谬误，加上当时正好怀疑吕伯奢，两相叠加，遂起杀机。

鉴于语言的不确定性，使用概念前要尽可能弄清楚：在某一判断中使用的概念是什么意思？这个概念可能还有哪些另外的意思？使用这个概念容不容易产生理解上的歧义？如果容易产生歧义，我们要么换其他语词来表达，要么对所用语词进行必要的解释和限定。

例

顾客：你们干脆别挂营业时间牌了。

营业员：为什么？

顾客：开门都晚了整整一个小时了。

营业员：如果不挂牌，你根据什么说我们开门晚了一个小时？

这是营业员在利用语言的多义性来否定思维的确定性，在论证上表现为曲解论题，从而偷换论题。顾客的意思是营业员违反店规，因为时间牌是规矩的标识；营业员将营业时间牌偷换成另外的意义，即，时间牌是参照系的标识。其实顾客不妨单刀直入："你们挂的营业时间牌上写了9点钟开门，怎么今天10点钟才开门？"

---

① 〔明〕罗贯中：《三国演义》，人民文学出版社1973年版，第36-37页。

第十一章　公共说理的无惧与有德

什么是公共说理？公共说理指公众在公共空间围绕公共利益议题进行的说理。公共说理有异于一般说理在于其公共性。公共性内涵复杂，简而言之，公共性具有双重含义：就社会空间而言，公共性指有别于私密空间的社会公共空间；就参与主体而言，公共性指兴趣加入公共讨论、平等理性的公众。①

基于此，本章将先从社会空间角度讨论恐惧与公共说理的关系，旨在阐明免于恐惧的环境是公共说理的必要前提；再从行动主体角度讨论公共说理中的德行问题。

一、恐惧与公共说理

罗尔斯说："在威胁情况下达到的原则不是一个正义的原则。"② 套用在此也许可以说，在恐惧社会里进行的公共说理不是良性的说理。或者更准确地说，恐惧社会里，人们是无法进行公共说理的。

西方关于恐惧的经典研究始于霍布斯的《利维坦》。利维坦是《圣经》中巨大的怪物，霍布斯借此来指代国家。霍布斯认为，国家是人们相互订立契约而建立的，旨在摆脱生命安全因为暴力与战争而无法得到保障的自然状态，或者更准确地说，摆脱"对自然状态的恐惧"（前政治的社会恐惧）：

> 在没有一个共同权力使大家慑服的时候，人们便处在所谓的战争状态之下。这种战争是每一个人对每一个人的战争。……最糟糕

---

① Jurgen Habermas. *The Structural Transformation of the Public Sphere* (trans. T. Burger & F. Lawrence). Cambridge：Polity，1989.

② ［美］约翰·罗尔斯著，何怀宏、何包钢、廖申白译：《正义论》，中国社会科学出版社1988年版，第140页。

的是人们不断处于暴力死亡的恐惧和危险中,人的生活孤独、贫困、卑污、残忍而短寿。①

当然,人们让渡自己的权利而建立起主权国家后,生命安全得到保障了,但是,这是以臣服于主权者的权力为前提的。臣服基于崇敬,崇敬产生激情:

> 内心的崇敬是对权力与善的看法,从这里就产生三种激情:第一是爱慕,这是相对于善的激情,第二是希望,第三是畏惧,两者都是相对于权力的激情。②

激情的一种便是恐惧,只不过恐惧的对象由自然状态转化为主权者,即,"对主权者的恐惧"(政治恐惧),可谓"以(政治)恐惧限制(自然状态)恐惧"。③

后来,孟德斯鸠把政体一分为三,即,共和政体(人民拥有最高权力的政体,分为民主制、贵族制)、君主政体(君主遵照法律进行执政的政体)、专制政体(无法律无规章,按照一己意志和性情进行执政的政体)。共和政体的原则是品德,君主政体的原则是荣誉,专制政体的原则是恐怖,"用恐怖去压制人们的一切勇气,去窒息一切野心"④。在专制政体,人人都是平等的奴隶,"人的命运和牲畜一样,就是本能、服从与惩罚"⑤。这种政体的教育就是"把恐怖置于人们的心里"⑥。

不过,与孟德斯鸠不同,托克维尔恰恰在民主里面发现了恐惧,谓之"多数式暴政"(tyranny of the majority)。民主政治就是以多数统治为绝对优先,多数享有无限权威。但是:

> 无限权威是一个坏而危险的东西……不管人们把这个权威称作人民还是国王,或者称作民主政府还是贵族政府,或者这个权威是

---

① [英]霍布斯著,黎思复、黎廷弼译:《利维坦》,商务印书馆1986年版,第94—95页。
② [英]霍布斯著,黎思复、黎廷弼译:《利维坦》,商务印书馆1986年版,第281页。
③ 孔新峰:《霍布斯论恐惧:由自然之人走向公民》,《政治思想史》2011年第1期。
④ [法]孟德斯鸠著,张雁深译:《论法的精神》,商务印书馆1997年版,第26页。
⑤ [法]孟德斯鸠著,张雁深译:《论法的精神》,商务印书馆1997年版,第27页。
⑥ [法]孟德斯鸠著,张雁深译:《论法的精神》,商务印书馆1997年版,第33页。

在君主国行使还是在共和国行使,我都要说:这是给暴政播下了种子。①

而且,多数式权威不光体现于统治,也体现于思想。那就是,一旦多数人的思想达到一致时,少数者便只能默然不语了。为此:

> 多数既拥有物质力量,又拥有精神力量,这两项力量合在一起,既能影响人民的行动,又能触及人民的灵魂。②

托克维尔的结论是,自由的最大威胁或者说危险来自民主,来自多数的无限权威,来自人们对多数权威的迎合与臣服。

阿伦特基于德国纳粹时期的历史现实,阐释了现代社会人们的新恐惧,即,存在于"意识形态恐怖":

> 意识形态(ideology)正如它的字面所揭示的,即,观念(idea)的逻辑(logic)。……意识形态将(不同)现实事件看作似乎都在遵循着同一法则,看作观念的逻辑性展示。因为内在于相应观念中的逻辑,意识形态假装通晓整个历史过程——过去的秘密、现在的复杂、将来的不确定——的神秘性。③

意识形态从实践和现实中"解放"出来,或者说,事实在因应意识形态的逻辑而发生变化。阿伦特称此类恐怖为"(意识形态)逻辑性的暴政"(tyranny of logicality)④。这种逻辑性如同一个永无止境的过程,人们臣服于它、依赖它,并放弃内心的自由和独立思考,既无公共生活也无私人生活,陷入孤独(loneliness)和多余(superfluousness)的精神奴役状态。

不得不说,无论哪一种恐惧都是公共话语的毒素,都对社会文化产生巨大的毒化作用。恐惧的社会里充斥着不确定性、不安全感,人人自危、相互猜忌成为人的生存常态。那个无处不存在但又始终不在场的"老大哥在看着

---

① [法]托克维尔著,董果良译:《论美国的民主》,商务印书馆1989年版,第318页。
② [法]托克维尔著,董果良译:《论美国的民主》,商务印书馆1989年版,第322页。
③ Hanah Arendt. *Totalitarianism*. San Diego, New York and London: Harcourt, 1976, p. 167.
④ Hanah Arendt. *Totalitarianism*. San Diego, New York and London: Harcourt, 1976, p. 171.

你"①,就是一切恐惧的源头。

恐惧容不下人们好好说理,动辄打棍子、戴帽子、抓辫子、上纲上线、罗织构陷,恐惧成为禁止说理和辱没个体的常规手段。另一方面,个体因为恐惧而无法好好说理,为了自保,或噤若寒蝉,或自我审查,或满口谎言,讲违心话、做违心事,恐惧代替理性,恐惧潜入集体无意识。一言以蔽之,恐惧与公共说理水火不容,公共说理应以免于恐惧为前提。

二、德行与公共说理

有德,即,有德行,有合乎道德的品行。就公共说理而言,一个人的德行主要表现在恪守人格平等、尊重他人、理性三个方面。

(一)人格平等

人生而平等。每个人都是独一无二的,都有自己的闪光点(尽管存在或被突出或被遮蔽之别而已),每个人都有自己存在的价值、意义,每个人的人格都有被尊重的权利。即便罪犯,他(她)的某些行为触犯了法律,但他(她)在人格上同样需要被我们尊重。在同为"人"这一点上,我们每个人都是平等的。这也是伊拉克战争期间美国士兵用绳子套在裸体的战俘的脊子上,再像遛狗一样拖着战俘的照片被公开后,舆论哗然的原因所在;这也是为什么公开捆绑、当众下跪、挂牌子游街等践踏人格的行为应该被挞伐。

公共说理尤其需要人格平等。对任何公共话题(公共事件、公共议题、公共事务),任何人都有平等说理的权利,任何人的声音和意见都有被平等对待的权利。这两种权利毋宁说是人格平等在公共说理方面的具体化,倘若这两种权利都得不到保障,公共说理无从谈起。换言之,人格平等是公共说理的先决条件,也是公共说理的当然前提。

正因为是公共说理的前提,在良性的公共说理中,"人"应该是隐身的,人们只说事论事。即便对"人"的评判,也必须落实到"事"上面来,最终还是就事论人,以理服人,而不是代之以对"人"的直接评判,那是言人人殊的价值判断,而说理只服膺于事实判断。

---

① [英]奥威尔著,董乐山译:《一九八四》,上海译文出版社2015年版。

但现实中,恰恰是人格在说理过程中时而成为被侮辱的对象。人身攻击、暴力话语、污名化等旨在贬损他人人格的言论并不鲜见,如"跳梁小丑"等。公共说理退居其次,代之以站在道德制高点或意识形态制高点贬损对方人格。这种贬损人格的做法既违反人格平等这一说理的先决条件和当然前提,也使真正的公共说理无从展开。而且因为有道德或意识形态背书,人格贬损极可能演变成肆无忌惮的谩骂,变成情绪的发泄,以输赢为目的,一争高低,遑顾人格,甚至就是以人格侮辱为目的。这往往使公共空间充盈着戾气,缺乏公共说理应有的平心静气、好好说话的氛围。

(二)尊重他人

何谓尊重?就是对人的尊严的呵护与重视。尊严是人之为人的底线,而在现实中它却时而是人之为人的高线。代与代之间,父辈不尊重子辈,称之为"啃老族""愣头青";年轻人不尊重年长者,称之为"中年油腻男""老不死的"。这种尊严意识淡薄可能与个体权利在旧的时代被长期压抑有关。传统文化所强调的尊重对象经常是名分、阶层、等级,而不是活生生的个体。"凭君莫话封侯事,一将功成万骨枯",把不喜欢的人称为"牛鬼蛇神"、把知识分子叫成"臭老九"、把人比作狗而且是"落水狗"……从这些说法中,我们看不到对个体生命与尊严应有的敬畏与尊重。

看来,虽然"尊重他人"耳熟能详,但要成为日常生活的常态还需假以时日。这种状况客观上阻碍了公共说理的良性发展,需要每个参与其间的人为改变这种状况而努力。

那么,在公共说理中,尊重他人具体指的什么?

1. 尊重他人的人格

一切不尊重他人、贬损和侮辱他人人格的说理都是拙劣的,这一点跟人格平等息息相关。说理中重要的一点是:以事实为准绳、以逻辑为准绳,是其所是、非其所非。但是,我们在公共说理中常见的却是以敌我为准绳,以站队为准绳,我方皆被美化,敌方皆被丑化。且不论敌我二分已经犯了非黑即白的谬误,公共说理的目的也同时被扭曲,公共说理不再为了求真相、求真理,不再为了就事说理;而是为了分阵营、争输赢,为了打垮对方、搞臭对方。怎么打垮和搞臭?不尊重他人人格,进行人格侮辱,是省心省力的最佳捷径。

公共说理需要对"人"的尊重，让"人"隐身，让"事"凸显出来。我们关心的不应该是对方和我们的观点立场、价值取向一致与否，而应该是对方对公共事件、公共议题、公共事务的分析在理与否。否则，倘若我们关心的不是对方的分析在理与否，而是对方与我们在同一价值阵营与否，那么，不尊重他人人格就势在必然。

2. 尊重他人说理的权利

虽然我们爱把名言"我不同意你说的观点，但我誓死捍卫你说话的权利"挂在嘴边，但一旦进入公共说理空间，却往往将之抛诸脑后，把公共空间变成战场，我不同意你的观点，所以你给我闭嘴。殊不知，生而为人便拥有表达的自由。不同于古代人能否表达取决于君王从善如流与否，当代人的表达自由为我国宪法所规定："公民有言论、出版、集会、结社、游行、示威的自由。"换言之，公共说理是一种法律意义上的自由，意见表达是一种为法律所保护的权利，为此，我们理当尊重。

而且，如果我们让公共说理回归其本身而不是当作输赢的战场，尊重他人说理其实是在帮助我们自己成长。迥异于战场说理观之在乎结果，公共说理重在说理过程：

> 与其说是在此一事上让对方接受自己的看法，不如说是一种心智培育——说理是一种教化。我们不要把目光总盯在说服他人达成共识上面。对说理来说，提升理解是首位的，是否达成一致看法倒在其次。①

> 道理系统之间，不是谁战胜谁，谁吃掉谁，而是互相对话。②

每个人都难免为认知有限性所囿，每个观点都难免有其局限性，这样来看，他人说理一定意义上是在弥补我们认知的不足，丰富我们的思维视角。大家在公共说理中启发、碰撞、对话、成长，这也应该是陈嘉映"说理之为教化"一说的应有之义。

3. 尊重他人的隐私

隐私是最基本的人格权利之一，包括但不限于姓名、照片、住址、电

---

① 陈嘉映：《说理之为教化》，《新世纪周刊》2011年第16期。
② 陈嘉映：《说理与对话》，见《走出唯一真理观》，上海文艺出版社2020年版，第155页。

话、身份证、收入状况、婚姻状况、健康状况、社会关系与交往等。像有的企业,新员工被要求在同事面前回答诸如初恋、初吻和初次性接触等问题,就是借"破冰行动"而对个人隐私不尊重。

在公共说理中,不尊重隐私现象较为常见。2021年某大学老师杀死所在学院党委书记,一些网民纠结于该党委书记学历背景,但学历背景跟该事件不具有相关性,且属于个人隐私范畴,不具有公共性,不在公共说理的范围,也不具有公共说理的价值。2018年某性侵事件中,女当事人是否交往过男朋友甚至有妇之夫,这些与该事件无关,属于私人范畴;但是,一些参与这起事件争论的人却就此做文章,影射女当事人私德有问题。此类讨论既缺乏对他人隐私的尊重,也超出了公共说理的边界。

(三) 理性

公共说理以理性为媒介。这里的"理性",一指理性的态度,一指理性的思维。

理性态度,就是"是其所是,非其所非"。比如,钱钟书在评价贾谊的《过秦论》时就秉持这种态度,一方面批评《过秦论》有"堆叠成句,词肥义瘠"之嫌,另一方面褒奖《过秦论》"自是佳文,小眚不掩大好,谈者固毋庸代为饰非文过也"①。理性态度是公共说理的底线,凡是诉诸情绪化、人身攻击、暴力话语等非理性做法,都有违公共说理的理性精神。至于动辄给人"戴帽子""打棍子""抓辫子",则不但使公共说理应持的理性态度被弃之,也使公共说理的空间日趋逼仄。

理性思维是公共说理的工具,具体表现就是只听命于事实、听命于逻辑,对事实和逻辑以外的信息保持一种"无知之幕"的状态。②借用"无知之幕"在这里就是,在公共说理时,我们要秉持公心,平等地对待他人的观点,尊重并正视跟我们论点不同的看法,不基于个人经验和看法或因为个人情感和利益而偏倚。简言之,听命事实与逻辑,超越经验、情感与利益。陈嘉映说:

---

① 钱钟书:《管锥编》,生活·读书·新知三联书店2007年版,第1432—1433页。
② [美] 约翰·罗尔斯著,何怀宏、何包钢、廖申白译:《正义论》,中国社会科学出版社1988年版,第136页。

道理不是跟经验、利益等等完全脱离开来的东西，但道理并不是利益的傀儡，倒不如说，说理是超出特定经验和利益的一种努力。竞选总统，双方辩论，当然是因为双方各有不同于对方的主张和诉求，但站在辩论台上，你就不得不用事实和逻辑来说话，这些事实和逻辑可以中立地加以核实、检验。①

听命于事实就是"就事论事"，只就公共事务、公共议题或公共事件展开讨论；凡不涉及这三者的，都不在公共说理之列，像三观、生活偏好、动机一类，更莫论隐私了。听命于逻辑就是恪守逻辑规律，不犯逻辑谬误，那些巧舌如簧的诡辩、那些肆无忌惮的谩骂、那些睚眦必报的吵架，都是对逻辑的蔑视。

总之，公共说理是理性胜出的过程，甚至说其意义就在于过程，在于大众通过公共辩论受到教化、获得成长，否则，就不成其为公共说理。

---

① 陈嘉映：《说理与对话》，见《走出唯一真理观》，上海文艺出版社2020年版，第152–153页。

参考文献

1. 安安.高校社团官气横生、虚荣跋扈,到底是什么惹的祸?[EB/OL].[2018-10-09].https：//mp.weixin.qq.com/s/aoFffBsh_BKUvVswY7PNQg.

2. 奥威尔.一九八四[M].董乐山,译.上海：上海译文出版社,2015.

3. 巴金.随想录[M].北京：人民文学出版社,1980.

4. 才华有限青年.这是真实故事和咪蒙独立运营[EB/OL].[2019-01-30].https：//new.qq.com/cmsn/20190130/20190130008285.html? pc.

5. 曹雪芹,高鹗.红楼梦[M].北京：人民文学出版社,1982.

6. 查普曼.爱的五种语言[M].王云良,陈曦,译.南昌：江西人民出版社,2000.

7. 长平.最牛钉子户是我们的好榜样[N].南方都市报,2007-03-21(A31).

8. 陈嘉映.说理[M].上海：上海文艺出版社,2020.

9. 陈嘉映.说理之为教化[J].新世纪周刊,2011(16).

10. 陈嘉映.走出唯一真理观[J].上海：上海文艺出版社,2020.

11. 陈平原.读书的风景[M].增订版.北京：北京大学出版社,2019.

12. 陈倩儿,庄庆鸿,谢宛霏.四平米的家[N].中国青年报,2012-12-05(12).

13. 陈寅恪.元白诗笺证稿[M].北京：商务印书馆,2015.

14. 陈忠实.白鹿原[M].北京：作家出版社,1993.

15. 从玉华.熊的解放：人的救赎之路[N].中国青年报,2009-09-16(12).

16. 从玉华.再广大的悲伤,也比不上一个小人物具体的悲伤[M]//周逵.非虚构.北京：清华大学出版社,2017.

17. 邓拓.燕山夜话[M].北京：中国社会科学出版社,1997.

18. 邓小平.邓小平文选（1975—1982）［M］.北京：人民出版社，1983.

19. 杜甫.杜甫诗选［M］.北京：人民文学出版社，1984.

20. 杜牧.樊川文集［M］.上海：上海古籍出版社，1978.

21. 古拉.有毒的逻辑［M］.邹东，译.北京：机械工业出版社，2017.

22. 顾炎武.日知录校注［M］.陈垣，校注.合肥：安徽大学出版社，2009.

23. 郭沫若.郭沫若全集：历史编第二卷［M］.北京：人民出版社，1982.

24. 郭沫若.郭沫若全集：文学编第十六卷［M］.北京：人民出版社，1989.

25. 何九盈，王宁，董琨.辞源［M］.3版.北京：商务印书馆，2015.

26. 何兆武.上学记［M］.文靖，执笔.北京：人民出版社，2016.

27. 亨廷顿.文明的冲突与世界秩序的重建［M］.周琪，刘绯，张立平，等，译.北京：新华出版社，1998.

28. 霍布斯.利维坦［M］.黎思复，黎廷弼，译.北京：商务印书馆，1986.

29. 霍布斯鲍姆.论历史［M］.黄煜文，译.北京：中信出版社，2015.

30. 焦循.孟子正义［M］.北京：中华书局，1987.

31. 姜建强.日本人凭什么能量产诺贝尔奖［EB/OL］.［2018-10-06］.https：//huxiu.com/article/265531.html.

32. 金庸.金庸作品集：13，雪山飞狐·鸳鸯刀·白马啸西风［M］.香港：明河社，1994.

33. 金岳霖.形式逻辑［M］.北京：人民出版社，1979.

34. 卡尼曼.思考，快与慢［N］.胡晓蛟，李爱民，何梦莹，译.北京：中信出版社，2012.

35. 康德.纯粹理性批判［M］.邓晓芒，译.北京：人民出版社，2017.

36. 孔令晗，付垚.一个出身寒门的状元之死被屏蔽 此前被质疑内容虚构［EB/OL］.［2019-01-30］.https：//tech.sina.com.cn/i/2019-01-30/doc-ihqfskcp1683937.shtml.

37. 孔新峰.霍布斯论恐惧：由自然之人走向公民［J］.政治思想史，2011（1）.

38. 拉吉罗. 思考的艺术［M］. 宋阳，等，译. 北京：机械工业出版社，2019.

39. 勒庞. 乌合之众［M］. 冯克利，译. 北京：中央编译出版社，2005.

40. 李飞. 歌者姚贝娜的最后一周［N］. 深圳晚报，2015－01－16（6－7）.

41. 李甘林. 禁止记者入内，西南交大跟谁新闻通气［N］. 中国青年报，2009－07－17（3）.

42. 李衍华. 咬文嚼字的逻辑［M］. 修订版. 北京：北京大学出版社，2019.

43. 李渔. 闲情偶寄［M］. 江巨荣，卢寿荣，校注. 上海：上海古籍出版社，2010.

44. 梁漱溟. 中国文化要义［M］. 上海：上海人民出版社，2005.

45. 梁培宽. 冯友兰先生与先父梁漱溟交往二三事［J］. 博览群书，2002（9）.

46. 林天宏. 回家［N］. 中国青年报，2008－05－28（9）.

47. 刘向. 战国策［M］. 范祥雍，笺证. 上海：上海古籍出版社，2006.

48. 刘勰. 文心雕龙注［M］. 范文澜，注. 北京：人民文学出版社，1962.

49. 刘宝楠. 论语正义［M］. 北京：中华书局，1990.

50. 卢克曼. 写好前五页［M］. 王著定，译. 北京：中国人民大学出版社，2013.

51. 陆晓恺. 从花季到而立：一个四川女孩的劫后余生［EB/OL］.［2020－05－12］. https：//mp.weixin.qq.com/s/kq0z_r_dsrAdn89xNuZDmw.

52. 鲁迅. 而已集［M］. 北京：人民文学出版社，1995.

53. 鲁迅. 二心集［M］. 北京：人民文学出版社，1995.

54. 鲁迅. 华盖集［M］. 北京：人民文学出版社，1995.

55. 鲁迅. 鲁迅全集：第8卷［M］. 北京：人民文学出版社，2005.

56. 鲁迅. 南腔北调集［M］. 北京：人民文学出版社，1995.

57. 鲁迅. 且介亭杂文［M］. 北京：人民文学出版社，1995.

58. 鲁迅. 且介亭杂文末编［M］. 北京：人民文学出版社，1995.

59. 鲁迅. 三闲集［M］. 北京：人民文学出版社，1995.

60. 路遥. 人生［M］. 北京：十月文艺出版社，2012.

61. 罗尔斯. 正义论［M］. 何怀宏, 何包钢, 廖申白, 译. 北京: 中国社会科学出版社, 1988.

62. 罗贯中. 三国演义［M］. 北京: 人民文学出版社, 1973.

63. 吕叔湘. 中国文法要略［M］. 北京: 商务印书馆, 2014.

64. 吕叔湘, 朱德熙. 语法修辞讲话［M］. 北京: 商务印书馆, 2018.

65. 毛泽东. 毛泽东新闻工作文选［M］. 北京: 新华出版社, 1983.

66. 孟德斯鸠. 论法的精神［M］. 张雁深, 译. 北京: 商务印书馆, 1997.

67. 闵捷. 西南交大遭误伤［N］. 中国青年报, 2009–07–18 (3).

68. 牧龙闲人. "复旦事件"之后, 这位在美国端了 7 年盘子的数学天才, 为何屡次被提起？［EB/OL］.［2021–06–11］. https: //new.qq.com/omn/20210611/20210611A0DQYM00.html.

69. 南方周末编辑部. 总有一种力量让我们泪流满面［N］. 南方周末, 1999–01–01 (1).

70. 裴智勇. 假如媒体缺席……［N］. 人民日报, 2001–08–27 (4).

71. 彭漪涟, 余式厚. 趣味逻辑［M］. 北京: 北京大学出版社, 2019.

72. 皮里. 有用的逻辑学［M］. 蔡依莹, 付业莉, 译. 南昌: 江西人民出版社, 2018.

73. 钱穆. 中国文化史导论［M］. 北京: 商务印书馆, 1994.

74. 钱穆. 国史大纲［M］. 北京: 商务印书馆, 1996.

75. 钱钟书. 管锥编［M］. 北京: 生活·读书·新知三联书店, 2007.

76. 钱钟书. 谈艺录［M］. 北京: 商务印书馆, 2011.

77. 人民网. 蒋筑英: 中国知识分子的光辉榜样［EB/OL］.［2009–06–17］. http://www.ciomp.ac.cn/zt/jzyss30_181722/jzybd_181722/201206/t20120612_3596702.html.

78. 任晓勇. 雅志难违还是君命难违: 说唐玄宗《度寿王妃为女道士敕》［J］. 书屋, 2006 (4).

79. 三毛. 梦里花落知多少［M］. 长沙: 湖南文艺出版社, 1993.

80. 沙叶新. 表态文化［J］. 随笔, 1999 (6).

81. 善因. 每对母子都是生死之交, 我要陪他向校园霸凌说 NO!［EB/OL］.［2016–12–08］. https://mp.weixin.qq.com/s/WEEgjqCJd_znqgRPDEehUg.

82. 商务印书馆辞书研究中心. 新华成语词典［M］. 北京: 商务印书

馆，2002.

83. 沈复.浮生六记［M］.梦窗，译注.长春：时代文艺出版社，2019.

84. 施燕华.我的外交翻译生涯［M］.北京：中国青年出版社，2013.

85. 茨威格.一个女人一生中的二十四小时［M］.高中甫，等，译.上海：上海文艺出版社，2015.

86. 司马光.资治通鉴［M］.胡三省，注.北京：中华书局，2011.

87. 苏祖祥.语文不是语文书［M］.北京：东方出版社，2017.

88. 唐圭璋，缪钺，等.唐宋词鉴赏辞典［M］.上海：上海辞书出版社，1988．

89. 特立斯.被仰望与被遗忘的［M］.范晓彬，姜伊敏，译.上海：上海人民出版社，2016．

90. 特立斯.邻人之妻［M］.木风，许诺，译.上海：上海人民出版社，2017．

91. 特立斯.王国与权力［M］.张峰，唐霄峰，译.上海：上海人民出版社，2016．

92. 托尔斯泰.安娜·卡列尼娜［M］.周扬，译.北京：人民文学出版社，1985.

93. 托克维尔.论美国的民主［M］.董果良，译.北京：商务印书馆，1989.

94. 王弼.老子道德经注校释［M］.楼宇烈，校释.北京：中华书局，2008.

95. 王力.古代汉语［M］.修订本.北京：中华书局，1981.

96. 王鼎钧.作文七巧［M］.增订版.北京：生活·读书·新知三联书店，2019.

97. 王汎森.傅斯年［M］.北京：生活·读书·新知三联书店，2017.

98. 王夫之.姜斋诗话笺注［M］.戴鸿森，笺注.上海：上海古籍出版社，2012.

99. 王建芳.无罪推定与诉诸无知论证比较研究［J］.北京理工大学学报（社会科学版），2006（4）.

100. 王先慎.韩非子集解［M］.北京：中华书局，1998.

101. 韦君宜.思痛录［M］.北京：人民文学出版社，2013.

102. 夏丏尊，叶圣陶.七十二堂写作课［M］.北京：开明出版社，2017.

103. 夏丏尊，叶圣陶.文心［M］.北京：生活·读书·新知三联书店，2008.

104. 肖煜，吴安宁，张宇昊.苏童：小切口叙事书写大时代［N］.河北日报，2019-08-19（6）.

105. 徐贲.明亮的对话［M］.北京：中信出版社，2014.

106. 徐贲.批判性思维的认知与伦理［M］.北京：北京大学出版社，2021.

107. 徐贲.阅读经典：美国大学的人文教育［M］.北京：北京大学出版社，2015.

108. 徐贲.脏话有悖个人荣誉［N］.南方周末，2015-05-14（B15）.

109. 严耕望.治史三书［M］.上海：上海人民出版社，2011.

110. 杨小刚.理解他人的可能与不可能［M］//埃默里.变老的哲学：反抗与放弃.杨小刚，译.厦门：鹭江出版社，2018.

111. 叶铁桥.北大校长演讲遭"标题党"拆解［N］.中国青年报，2011-12-26（7）.

112. 一小时爸爸.复旦血案之后：不要给杀人者"同理心"［EB/OL］.［2021-06-15］.https：//mp.weixin.qq.com/s/4mJv6t7yf5Oo1-6wihaxhg.

113. 应劭.风俗通义校注［M］.王利器，校注.北京：中华书局，1981.

114. 雨果.悲惨世界［M］.李丹，方于，译.北京：人民文学出版社，1992.

115. 余冠英.诗经选［M］.北京：人民文学出版社，1979.

116. 早川S，早川A.语言学的邀请［M］.柳之元，译.北京：北京大学出版社，2015.

117. 曾鼎，刘璐.百亿保健帝国权健，和它阴影下的中国家庭［EB/OL］.［2018-12-25］.https：//mp.weixin.qq.com/s/J5XA3K5PcOEsgs6czE0nlg.

118. 张珺.咪蒙不再制造咪蒙［EB/OL］.［2020-07-02］.https：//www.huxiu.com/article/366434.html.

119. 张大春.自在文章［M］.桂林：广西师范大学出版社，2017.

120. 张季鸾.蒋介石之人生观［N］.《大公报》（天津），1927-12-02（1）.

121. 张维，蒋玮琦.失去乳房 与癌共处［EB/OL］.［2017-05-17］.ht-

tp：//www. thepaper. cn/newsDetail_ forward_ 1685459.

122. 张志安，刘虹岑. 记录小人物就是记录时代本身［J］. 新闻界，2013（2）.

123. 赵涵漠. 永不抵达的列车［N］. 中国青年报，2011 – 07 – 27（12）.

124. 赵凌. "聂树斌冤杀案"悬而未决 防"勾兑"公众吁异地调查［N］. 南方周末，2005 – 03 – 24（2）.

125. 中国人民大学哲学院逻辑学教研室. 逻辑学［M］. 3 版. 北京：中国人民大学出版社，2014.

126. 中国社会科学院语言研究所词典编辑室. 现代汉语词典［M］. 5 版. 北京：商务印书馆，2009.

127. 中华全国新闻工作者协会研究部，中国人民大学新闻系.《观察》储安平言论选［G］. 北京：工人日报社，1957.

128. 周予同. 中国历史文选［M］. 上海：上海古籍出版社，2013 .

129. 朱大可. 流氓的盛宴［M］. 北京：新星出版社，2006.

130. 朱东润. 中国历代文学作品选［M］. 上海：上海古籍出版社，1985.

131. 朱自清. 朱自清散文［M］. 梁仁，选编. 杭州：浙江文艺出版社，1999.

132. 宗璞. 旧事与新说：我的父亲冯友兰［M］. 北京：新星出版社，2010.

133. ARENDT H. Totalitarianism［M］. San Diego：Harcourt, 1976.

134. BERGER P L. Invitation to sociology［M］. New York：Anchor Books, 1963.

135. BERGER P L, LUCKMANN T. The social construction of reality［M］. London：Penguin, 1966.

136. GEERTZ C. The interpretation of cultures［M］. New York：Basic, 2000.

137. HABERMAS J. The structural transformation of the public sphere［M］. trans. BURGER T, LAWRENCE F. Cambridge：Polity, 1989.

138. HALLIN D C. The "uncensored war"［M］. New York：Oxford University Press, 1986.

139. KANE T. The Oxford essential guide to writing［M］. New York：Berkley, 2000.

140. MERRIAM-WEBSTER. 韦氏高阶英语双解词典［M］. 北京：中国大百科全书出版社，2017.

141. MITCHELL M. Gone with the wind［M］. London：Pan Books，2014.

142. PAUL R，ELDER L. 识别逻辑谬误［M］. 高秀平，译. 北京：外语教学与研究出版社，2019.

143. STRUNK W，WHITE E B. The elements of style illustrated［M］. illust. KALMAN M. New York：Penguin，2005.

144. TALESE G. Delving into private lives［M］// KRAMER M，CALL W. Telling true stories. New York：Plume，2017，pp. 6 - 9.

145. WILLIAMS J M. Style：toward clarity and grace［M］. Chicago：The University of Chicago Press，1990.

146. ZINSSER W. On writing well［M］. New York：Harper，2006.

附录

附录1 我们该怎么学习"纪实写作与公共说理"?[①]

同学们,我首先想跟你们讲一下,我为什么半推半就地接受了开设这样一门新课的任务。我本来完全可以不接受,因为我手里原有的课程都是自己已经讲了多年而且讲顺了的,大可不必再来开设新课。

我之所以接受了,是因为我想挑战一下自己,保持我之前经常跟同学们说的"成长性"。这门课的东西我当然都懂,但现在我要督促自己跟学生讲出来就不一样了,就要我不光知其然还要知其所以然,需要我重新系统地、有条理地对这些知识进行梳理,这就是挑战。所以,在接手这门课以后,我埋头苦干了整整四个月,读书、做笔记、写讲稿。

但我之所以接受了,背后其实有一个更大的考量,就是督促学生读书,从大一新生们做起。记得刚来深圳大学时,每次我向学生推荐书,他们都立马认真地记录。当时,我还挺感动的。后来一问:都读了吗?应者寥寥。后来,我每一届都会说这个"典故",我说:你们记录,我不感动;你们要是读了,我才感动。可是,我很少被感动过。同学们,课堂不只是老师们照本宣科,更讲求师生之间的互动与共鸣;否则,对牛弹琴的确让老师找不到课堂的价值实现感。

于是,我想到了你们,大一的新生们。这是我第一次给大一开课,还记得我在第一堂课说过的吧。我说,这堂课我跟你们一样激动,因为疫情发生以来这长时间没有站讲台了,但更因为自己第一次教大一,第一次讲这门课。我想,你们应该比大二大三的学生们更好塑造一些,至少你们还保有高中时代的锐气与冲劲。一想到你们,我老是想到一张能画最美图案的白纸。我暗暗要求自己:帮助这些孩子们画好大学四年的第一笔。

但是,至少这过去的四周,让我有一种不祥的预感,你们也许正在滑向

[①] 附录1~4是笔者写给学生们的随笔,供本书读者参考。

你们某些师兄师姐的泥淖。

我要求你们上课听讲，你们还是有人在后面心不在焉；我要求你们记日记，你们有人在想，日记有什么好记的？就是流水账；我要求你们每周"一诗一词一文一书一影一报道一言论"，你们都了然于心，但是，整个班级能坚持每周这样做的，只有朱同学一人。

同学们，上课听讲有那么难吗？假如我说认真听了这门课就能做大官、发大财，我估摸着你们每个人都竖起耳朵认真听。但是，同学们，从你们踏进大学门槛的那一天起，你们就应该学会跟那种纯粹的功利性读书模式告别了。

日记怎么会没有东西可写，只能记流水账？从你睁开眼睛的那一刻起，你就开始了你的所作所为、所见所思，开始了酸甜苦辣，开始了对"我是谁"的拷问。那么，把这些记录下来，跟自己对话，既记录了成长，又锻炼了文笔，何患写作无长进？但是，如果你抱着应付的态度，不愿意打开心灵，不愿意反思自己的生活，那当然只剩下流水账了。不过，也请你们记住苏格拉底的那句名言："不经过反思的生活不值得过。"

还有，"一诗一词一文一书一影一报道一言论"真那么难吗？真那么忙而没有时间吗？你们倘若把耗在微信上、游戏上的时间，用来完成我说的这"七个一"，我认为肯定绰绰有余。而且，我又不是要你们去背唐诗三百首，我一学期只要求你们背诵14首古诗、14首宋词，真的多吗？你们真的做不到吗？如果放在高中，请问你们哪个敢说一个"不"字？

同学们，我第一堂课就讲过，你们要坚决地告别高中模式，开始做自己。但是，做自己的前提是，更加努力。你们解放的是你们的思想、心灵、读书目的，而不是你们的努力。恰恰相反，唯有更加努力，你们才可能塑造自我，否则只会是沉沦自我，"一篙松劲退千寻"啊。

你们这段岁月是你们一生中最黄金的岁月，你们不努力、任岁月流逝，这恰如鲁迅说的，是一种"谋财害命"。你们错失了这段岁月，也就错失了塑造自我的最佳时机。而我这门课，就是为了帮助你们塑造自我的。

作为一门博雅课程，"纪实写作与公共说理"这门课涵盖了语文、逻辑、写作三部分内容。实际上，此三者密不可分。

我想先简单地说一下逻辑，它几乎占了我这门课三分之一的课时。逻辑是为了保证思维的缜密、严谨、清晰。逻辑的学习刚开始可能会显得呆板、教条甚至冗长，但是，到了一定阶段后，当它沉淀到你的思维模式里，那才是它真正发挥效能的时候。那个时候，你才能感受到那种在思维上从心所欲不逾矩的快感。

语文是这门课的重点之一，但由于课时有限，我只能要求你们课外学习，我负责课内检查。语文有些类似三毛谈爱情时所说，"不可说不可说，一说就错"。语文读到一定程度自然见成效，非要强行对它们进行分析、解剖、品味，效果未必就更好。总之，我要求你们自学，并戏称为"全国首创的大学语文教学法"。我要求你们自学的主要是中国古典文学。你们不妨去图书馆借来朱东润的《中国历代文学作品选》，从自己喜欢的篇目开始，从先秦诸子开始，唐诗、宋词、元曲、明清小说，一路读下去。同学们，所谓的人文素养就是从古典文学的素养开始的。

当然，单纯从服务写作的角度来说，光有古典文献的阅读肯定是不够的。就中国文学而言，民国文学、伤痕文学都很有阅读价值。不过，我想在这里强调的是世界文学，或者简谓之"欧美文学"。我建议同学们找来《世界文学史》《欧美文学史》一类的书翻翻，倒不是为了记那些无聊的文学常识，我猜你们文学常识填空已经做够了；或者被专家们对作品的评述所影响，那说到底是专家们嚼过的馍。相反地，我是希望你们从这类书着手，对那些名著心里有个数，然后按图索骥去阅读。

我是个喜欢不断买书，然后不断扔书的人。但是，那些古典文学经典、世界文学经典却从来都是伴随我走南闯北。每当我翻开它们都有莫名的亲切感，仿佛又把我带入如你们现在这样的青春岁月。正如我昨天在课堂上讲的，你们这个年龄就是跟文学谈恋爱的年龄。其实，这也是在说我自己，我的青春就是这么走过来的。比如写这篇文字的当下，我一抬头，就能瞥见我书架上的这些"老情人"们：《悲惨世界》《乱世佳人》《傲慢与偏见》《红与黑》《茶花女》《德伯家的苔丝》《忏悔录》《安娜·卡列尼娜》……我当年阅读这些书，可谓如饥似渴。同学们，我现在希望你们做到的，就是这种如饥似渴式的阅读。

这些书读多了，你的写作水平自然会有所进步变化，但这种变化是你无法预料到的，是一个不自知的量变到质变的过程。你不必非要抄录什么名言名句，你不必非要分析什么写作技巧，你不必非要获得什么人生哲理。你只管读，只管体味那种阅读的享受，读到会心处，掩卷一笑再读一遍。读多了，你自然既愉悦了身心又提高了文学素养；读多了，你自然知道那些所谓的网红文字有多烂；读多了，你自然会有思如泉涌的那一天。

但是，同学们，看到你们连我要求你们阅读的，有限的古典文学篇目都哼哧哼哧的，我实在无心也不敢再要求你们读什么世界名著了。

于是，我开列了 14 本纪实类书籍要求你们去读，这既是了解中国现实文化的必读书目，也是紧紧围绕这门课的读物。可请问：你们读了几本？我要求每周读一本，也就是说，你们至少应该已经读了四本了。可是，你们却不。还没有开始读，先质疑这些书的价值，质疑这些书的效果。不过，我昨天课堂上也讲了，哪怕是"大毒草"，最重要的是，先读起来。像前面说的世界名著，你读多了，你的鉴赏力自然会出来，效果自然会出来。但是，你们不，你们就放任时间在你们急功近利的狐疑中溜走。

写作也是。我上课固然会讲解一些写作的原则和理念，但是，写作本质上是没有模板的，本就文无定法。所以，写作的训练最终归于多写。但是，你们还没有开始握笔，先怀疑自己有没有写作天赋，怀疑多写是不是必然会提高写作水平。或者，你们更喜欢把这门课的写作当作任务来完成，而不是当作一种乐趣和愉悦。所以，你们把日记记成流水账，把初稿随便改几个字就作为终稿提交。

尽管我希望你们大学学习态度有所转变，即，从被动学习到主动学习，但是，就写作而言，这是要求。倘若你们仍然持有那种被动学习态度，你们的大学意义将大打折扣；倘若你们仍然持有那种被动学习态度，这门课的写作效果将归之于零。

所以，我不得不再次强调，你们对待这门课的所有写作任务包括记日记，都需要有一种主动学习的态度。写作不是为了完成这门课的学业要求。写作直接关系到表达，关系到自我反思，是伴随你们终生的。为此，写作要成为你的日常习惯，成为你的生活方式，无论你学什么专业。

这门课的由来、初衷、内容与要求，我想我已经说得够仔细了，说到底，就是我们该怎么来学习这门课。

同学们，我是希望通过这门课，帮助你们完成高中向大学的转变，帮助你们给这段黄金岁月描绘美好蓝图，帮助你们从大学一开始就养成多读多写的美好习惯。而不是像你们少数师兄师姐，大一浑浑噩噩，大二积重难返，大三悔之晚矣，大四自暴自弃。才二十岁就自暴自弃，人生还没有开始就自暴自弃，想想就很可怕。所以，同学们，你们现在处于黄金岁月中，但是，如果你们不好好利用，到头来得到的不过是四年破铜烂铁。

为此，我希望你们抓住这四年，画好图案，做好篇章。具体到这门博雅课，希望你们从认真背诵《古诗词散文选》做起，从多读多写做起，以便我们的合作就此有一个良好开端。

附录2　从这里出发

我要你们读这14本书，是想让你们知道，作为一个文字工作者，不知晓中国的历史与现实注定寸步难行，不谙熟中国的传统与文化必然头重脚轻。果如此，这势必不是一位老师所乐意看到的。

当然，中国的历史与现实、传统与文化，纷繁复杂、博大精深，又岂止这14本书所囊括得了的？这14本书不过沧海一粟而已，甚至未必深中肯綮。但纵然如此，它们到底还是角度各异地为我们提供了认识中国的独到面向。

我们的确有如深圳这样的繁华，但我们还有太多被遗忘乃至被遗弃的角落。别以为这些角落跟我们无关，它们本质上是一体的，而且，那是我们的"根"。历史是无法忘记的，现实是不能回避的。忘记历史，我们将越来越不知道"我从哪里来，我往哪里去"；回避现实，我们将越来越不懂得"皮之不存，毛将焉附"。

但是，对于你们，这些乳臭未干的孩子，一方面积历史之不厚，一方面涉现实之未深，就这样投身社会，无异于在社会中裸泳。怎么办？唯有阅读！借助于这些书本，来延伸你们对历史的拷问与现实的理解。

我要你们读这14本书，还想让你们知道，什么叫独立思考。你们大约可以从这些书中感受到独立思考的魅力吧。我们不要把自己的头脑变成别人思想的跑马场，我们不要动辄匍匐在他人的思想之下。相反地，我们要跟这些书进行平等的对话，辩证地吸收、独立地思考，保持我们应有的质疑和健康的追问。我们要坚信，没有一个人能摸到整头大象，我们都只是摸到了大象的大腿、脸，或者屁股而已。这14本书，同样地，只是提供了我们认识历史与现实的一种视角而已，还有更多的视角在等着我们。

大学是追求真理的所在。但是，真理的存在也许始终在别处，我们则将一直走在探求它的路上。在我看来，接近真理的唯一路径，大抵就只有独立思考了。不独立，容易轻信；不独立，容易盲从。轻信容易狂热，盲从容易跟风。

我要你们读这14本书，还心存一念，愿它们能唤起你们对如今长驱直入、所向披靡的新科技作有限的对抗。当我得悉你们现在每天在微信上泡3个多小时，每天手机接近40%的电量都耗在微信上的时候，我还是很吃惊的。

你们对错漏有用信息的担忧，其实正是这些新媒体贩卖焦虑的条件，全民焦虑则是这些新媒体商业化的依托。不过，你们逐步抛弃书本阅读转向手机阅读，缓解你们的焦虑了吗？增进你们对中国历史、文化与现实的了解了吗？你们本想"奴役"它们，不承想却变成它们"奴役"你们。

除了焦虑因素外，几乎你们所有人还总爱为看微信而不是看书找到一个美丽借口，那就是，用手机来填补碎片化时间。但是我要告诉你们：不，你们是在用微信把时间碎片化，继而只能相应地习惯于碎片化思维。否则，你们完全可以利用你们所谓的碎片化时间，利用新媒体的便利，阅读《毛泽东选集》《资治通鉴》《晚清七十年》这样的大部头著作啊。

我昨天特地把《资治通鉴》电子版放到"参考文献"里面去了，我希望你们中会有人把它放进自己的手机中去，我现在就很享受用手机里的《资治通鉴》来打发像接孩子这样的碎片化时间。

对微信，我之前和你们一样有错漏之虑而浸淫其中，但一天下来并没有感到它们给自己带来多少知识的增益。于是，我现在要求自己能够出乎其外，把手机和微信降格为单纯的通信工具和刷卡、消费、随身听等生活便利工具。

曾有一位你们的师长这样给我写道："今年第一次因为老师（作业）而读书。"我知道这位师长的溢美之意，但还是令我唏嘘不已。你们可能的确没有在课堂上在我的眼神里看到我对你们美好青春的妒意，正是这种妒意又让我惋惜于你们就这样让黄金岁月分分秒秒地从指尖中流逝，于心何忍啊。

于是，昨天的课堂上，我大声地质问你们下课要去干什么呀？我希望你们齐声的回答"去读书！"不是敷衍而是一种承诺，从这14本书开始的承诺，回到周宪教授所总结的"沉浸式"书本阅读中去的承诺。这些，绝对不是新媒体浏览式快餐阅读所能替代的。唯此，你们才会更趋于宁静而不是焦虑，更趋于独立而不是跟风。

同学们，批阅你们的作业，我为明天交作业、今天才读书的同学羞愧，为读那些令我宛若掉进一堆乱水草中、须挣扎半天才能爬起来的文字沮丧，为纯粹在应付和混学分的同学忧心。但我必须告诉你们，很多同学的文字让我第一次感到批阅作业原来也可以是一种享受。

有的文思泉涌，有的行云流水；有的边走边唱，有的浅酌低吟；有的愤激，有的幽默，有的凝重……透过你们的文字，我感到，你们中间不乏有潜力者。

正是这种潜力的存在，让我忽然有了写这篇文字的冲动，并将支撑着我站在面对着你们的三尺讲台上。

但同学们，切记，这只是开始。老师的作用，很大程度上，只是一个向导而已。你们还应该由这 14 本书出发，去继续主动地去读更多的书，继而培养你们探索、思考的能力，观察现实、认识社会的能力，宁静以致远、淡泊以明志的能力。

你们一定要多读书，在这个年纪，在这个阶段。我多次说过，等你们出身社会，甚至再也没有这样的大块读书"充电"的时间了。而且，你们的未来很大程度上就取决于本科阶段的知识储备、理论积淀和能力培养。从这里出发，让我们回到书本中去。

附录3　苦难看得见

"我们家"这次作业,你们总体写得太好了,以至于严厉如我这样的老师毫不吝啬地给了不少作业以 A 等。

我很奇怪,有些同学前两次作业怎么没有写到这种程度?我以为可能还是与这次的题材让你们感触最深、体验最深刻有关。所以,就写作来说,任何文字技巧相对于人生经历和体验来说都显得苍白。所以,同学们,送你们一句:多体验,多感受,多记录。

其实,驱使着我想给你们写几句的是那些沉重得让我透不过气来的文字。我不得不说,一些同学的成长太苦了,在打压、谩骂甚至拳脚相加中度过,这样的原生家庭是"有罪"的。同为人父,我感觉自己没有勇气在课堂上讲这些话,所以,我便在这里给这些同学们写几句。

同学们,对待原生家庭可能的"罪",我们需要和自己的过去讲和,和原生家庭讲和。我们不能以牙还牙,以恶还恶,否则,这是大学教育的失败。这是第一。

第二,如人们常说的,苦难也是一种财富。不过,只有经过反思的苦难才是财富,否则,苦难还是苦难。那么,通过你们的文字,我感觉到你们成长中所经受的苦难是经过你们反思了的。所以,你们的文字表现出超越同龄人的那种成熟。

尽管你们也许会说,我宁愿不要这种成熟,也但愿没有这种苦难。但是,同学们,过去的已经过去了,苦难已经经历了,人生没有假设。为此,我们只能也应该从另一角度来想。更何况,那些苦难经过你的反思所教给你的,你以后可能会感受到,那些苦难已经成为你的人生财富,会让你在任何可能更大的苦难面前再也无畏无惧。当然,谁愿意人生(还)有苦难?但是,同样地,谁又能告诉你未来会发生什么?对人生、对未来,我们可以说,一直在准备。苦难所换来的财富,就是准备的一部分。

第三,最重要的是跨过去,跨过苦难,把那些反思过的苦难放到这篇文字里，反思和清算完毕后就尘封于心底的某个角落，跨过去，去迎接你们刚刚开始的大学生活。同学们，你们进了大学这样开放、自由的环境，别样人生之门已经为你们开启。剩下的，就看你们自己了，看你们自己的主动与努力。你们已经没有时间再去咀嚼苦难，你们没有精力再去怀疑与自卑，你们最需要的是去行动、去读书、去写作、去体验，去充分利用大学环境打造自己，使自己变得强大。

同学们，既然你们来到这个世界上，你们每个人都是有价值的，无论是男是女；你们每个人都是独特而宝贵的，无论成绩高低。只不过，你的价值和独特还没有向你显现出来。那么，你要做的，就是通过自己不断努力，去寻找、去发现、去放大你的价值与独特之处，进而让你的生命发光，让命运掌握在自己手中。

不要相信什么"男是宝女是草"，不要相信什么"一考定终生"，这些都是文化的糟粕。还比如，什么"大的一定让着小的，小的一定尊重老的"。不！尊严面前，人人平等。还比如，什么"光宗耀祖""出人头地"。不！你是为你自己而活，你没有必要为实现你们父母的理想，或者那些已经长眠地下的祖宗的荣耀而活。还比如，什么"养儿防老"。不！你的人生不是父母的手段，你的人生就是你的目的，你有你的人生，父母有父母的人生。还比如，什么"我的孩子，老子想怎么管就怎么管"。不！你是人，不是物，你是独立的个体，你不是父母的所有物。

我看了你们的文字，真的很惊讶，都 21 世纪了，为什么这些糟粕还在我们的国土上如此根深蒂固，进而继续戕害一代又一代孩子的心灵与成长。

同学们，大学教育的目的之一就是培养你们的独立性。独立性的表现之一就是要敢于质疑你们先前接受的一切观念，无论你们认为是好的还是坏的。对每一届学生，我都会告诉他们："理所当然"英语怎么讲？Take it for granted. 不！同学们，我今天要告诉你们，应当把这句话改为：Take nothing for granted. 任何观念都需要经过你的审判，你都拥有否定和拒绝的权利。

对原生家庭那些曾经伤害过我们的观念（比如上面列举的），我们尤其需要质疑。否则，自己做孩子的时候成为这些观念的受害者，等自己做父母的时候又会理所当然地将这些观念复制到下一代身上，使自己的孩子成为这些观念的施害者。何况观念本就是价值判断，但经过原生家庭的熏染，观念便很容易成为"理所当然"，成为生来如此的条条框框，成为事实判断。果如此，价值观念会被复制，源于这些价值观念的苦难事实也同样会在代际被复制。

一个家庭存有这些观念而不被质疑和反思就会成为一个家庭的苦难，一个个家庭存有这些观念而不被质疑和反思就会成为一个个家庭的苦难。扩而充之、由家及国，一个个个体的苦难最后汇成民族的苦难，一个个家庭的苦难最后汇成国家的苦难。这样来看，我们对原生家庭那些伤害过我们的观念的质疑和反思，就是齐家治国平天下的具体化；就是走出小我胸怀天下的具体化；就是从我做起，以我们曾经感受小我苦难之心，从感受原生家庭开始，去感受我们民族、我们国家。

总之，同学们，每个人生而为人都很卑微，都很不容易，都会有这样那样的不幸乃至苦难。而苦难唯有被质疑和反思过，由小我及大我，由小家及大家，继而跨过去，方才有成为财富的可能。否则，苦难不会消逝，不会停止呻吟，被复制的可能性也将永远存在。

附录4　成为你自己

"每个学生都是天才,只是有些同学被平庸的老师给耽误了。"

这是我在批阅完你们共计 70 份"我的高中"习作后的最大感受。

你们大多数同学的高中生活是丰富和美好的,但还是有同学的高中生活并非这样。那么小的年纪,本应该阳光灿烂、野蛮生长,却过早地被放置到固定模子里锻造。禁止手机,殊不知手机可以听音乐、舒缓神经;禁止零食,殊不知食堂餐饮难以下咽;禁止穿拖鞋,殊不知在深圳的雨季里拖鞋以外的一切鞋子都是白穿;禁止染发,殊不知爱美之心人皆有之;禁止早恋,殊不知哪个少女不怀春,哪个少男不钟情……有的老师不相信学生个体的自主性,不惮以最大的恶意来揣摩和对待学生。这有违教育本质,因为教育是以尊重学生个体、信任学生个体为必要前提。

"年级主任天天追着年级前十拍马屁",我被这句话恶心到了。从因材施教的角度来说,分班制有其合理性。但是,如果基于分班而有意地把人分等,这不是因材施教,而是丧失对人起码的尊重,这只会导向我们应有的把人当人、尊重同类意识的淡薄,只会导向和培育学生们成王败寇的功利价值观。北大钱理群教授曾感叹,"我们的大学所培养的多是精致的利己主义者",但倘若他看一看你们的文字就应该心知肚明,这种功利取向的真正源头不是在学生们,也许恰恰在教育者本身。

于是,"名次"成为你们一些同学文字中出现频率最高的词语。有的学校甚至将名次张榜公布,名次高的时候固然是红榜,名次低的时候无异于红字。[①] 就这样,名次决定你可能享有的尊严,名次决定你作为人的存在价值,名次决定此外的一切都是恶,名次成为最大的善,不,唯一的善。这是对教育的反讽,也是对人之为人的反讽。

---

① 《红字》是美国作家霍桑写的一部小说。女主人公白兰婚后却与牧师丁梅斯代尔相恋,并生下一个女儿。为此,白兰被戴上代表"通奸"的红色 A 字示众。

这也便难怪你们有那么多挣扎,小小年纪承担了跟你们心理承受力不相匹配的伤害;这也便难怪你们有那么多抗争,放哨、冲锋、接应、护送,只为了成功拿到一次外卖。摸黑到学校的李子树上摘李子,又酸又小,哪里是为了品尝,只为了给三点一线寻求一些刺激和调剂;到水吧点一杯饮料,只为了男友女友们一道坐坐山坡。

夕阳成为你们高中生活最大的亮点,因为你们可以放空,在自然面前你们获得慰藉,你们不会因为成绩高低而被夕阳独宠或者歧视。美食成为你们高中生活最大的业余追求,因为题海让你们味同嚼蜡,你们当然不希望食物再如题海那样,与其说你们在寻找美食,不如说你们在寻找精神寄托。

不过,高中日子皆成过往,你们已经开始了大学生活。你们不再被要求整齐划一,你们不再会因为成绩而被分三六九等,你们不再会被放在一个模子里铸造,你们不再会有标准化的、不假思索也不需要思索的读书目的——进北大或者清华。你们需要重新确定读书目的,你们需要重新定义一切概念,也需要重新审视任何论断的正当性。大学不再有适应你们所有学生的模子,大学教育恰恰是要充分发掘你们每个孩子的个性,发现每个孩子的闪光点,让每个人成为他(她)自己。大学,是一个你们铸造自己的过程。

但是,同学们,面对大学新环境,你们准备好了成为你们自己吗?你们已经懂得了大学教育的精义所在吗?大学教育不强调你要跟有利于提高你成绩的人为伍,把人当作手段,而强调你打开心灵、跟一切你觉得有趣或喜欢的人为伍,把人当作目的;大学教育不是暗含着人分三六九等的前提,而是暗含着尊重每个个体的绝对命令;大学教育不强调成功决定一切,而强调成长支配终生。对这些,你们准备好了吗?你们明白怎么最大限度地利用好大学的每一天了吗?

手机开禁了,你们养成了自律使用的良好习惯而不是沉湎其中、为手机所奴役吗?作息时间自由了,你们不是春宵苦短日高起,从此君王不早朝,而是马不扬鞭自奋蹄吗?恋爱自由了,你们不是为了追求所谓跟风脱单,而是为爱而爱、在恋爱中成长吗?面对你们之前也许不曾有过的,拥有万册藏书的图书馆,你们进去读过书,或者知道从何读起,有所读有所不读吗?面对乱花渐欲迷人眼的社团大战,你们清楚如何面对和选择而不是裹挟其中、随俗浮沉吗?

同学们,进入大学以后,你们可能还需要经历一个适应和涅槃的过程,但我怀疑并不是每个同学都能把握好这样一个过程。比如大学的自由，如果没有清晰的主体意识和自律意识作为支撑，自由会被你们滥用与挥霍。再加上少数不负责任的高中老师喜欢说：你们现在吃苦，等进了大学就轻松、就解放了。这真是胡说八道！同学们，你们进了大学轻松和解放的是心灵，绝不是你们当年的努力，你们当年奋斗、追求的东西都已经九霄云散了，但是那种奋斗、追求的精神应该留下。

无论如何，你们在完整人格塑造和培养上所欠下的债，需要你们自己不停歇地努力，以便在大学阶段偿还，否则，你们会有成为人格侏儒之忧。那么，从哪里获得成为你自己的养分，获得培养完整人格的资源？包括"纪实写作与公关说理"在内的博雅课程和人文类书籍便是。

梁漱溟说："中国文化最大之偏失，就在个人永不被发现这一点上。"那么，我期待"纪实写作与公关说理"这门课的学习、我们连续10周的写作，有助于你们能在大学开好头、起好步，发现自己、做你自己、成为你自己。

附录5　7类相关作品推荐[①]

一、14首诗

黍离（国风）

哀郢（屈原）

今日良宵会（汉诗）

走马川行奉送封大夫出师西征（岑参）

春江花月夜（张若虚）

积雨辋川庄作（王维）

庐山谣寄卢侍御虚舟（李白）

梦游天姥吟留别（李白）

赠卫八处士（杜甫）

哀江头（杜甫）

长恨歌（白居易）

琵琶行（白居易）

隋宫（李商隐）

无题（相见时难别亦难）（李商隐）

二、14首词

菩萨蛮·小山重叠金明灭（温庭筠）

女冠子·四月十七，正是去年今日（韦庄）

[①] 笔者给学生们推荐的与这门课相关的7类作品。笔者建议他们每周接触每类作品各一，14周完成。

鹊踏枝·谁道闲情抛掷久？（冯延巳）
乌夜啼·林花谢了春红（李煜）
江城子·凤凰山下雨初晴（苏轼）
踏莎行·候馆梅残（欧阳修）
忆帝京·薄衾小枕凉天气（柳永）
鹧鸪天·彩袖殷勤捧玉钟（晏几道）
满庭芳·山抹微云（秦观）
青玉案·凌波不过横塘路（贺铸）
瑞龙吟·章台路，还见褪粉梅梢（周邦彦）
凤凰台上忆吹箫（李清照）
摸鱼儿·更能消几番风雨（辛弃疾）
江梅引·人间离别易多时（姜夔）

三、14 篇古文

齐桓晋文之事（孟子）
胠箧（庄子）
大宗师（庄子）
谏逐客书（李斯）
报任安书（司马迁）
史记·项羽本纪（司马迁）
哀江南赋序（庾信）
原道（韩愈）
苏武传（班固）
朋党论（欧阳修）
贾谊论（苏轼）
项脊轩志（归有光）
与友人论学书（顾炎武）
少年中国说（梁启超）

四、14 篇纪实作品

"聂树斌冤杀案"悬而未决（赵凌）

百亿保健帝国权健，和它阴影下的中国家庭（曾鼎、刘璐）

被收容者孙志刚之死（陈峰、王雷）

从花季到而立：一个四川女孩的劫后余生（陆晓恺）

回家（林天宏）

歌者姚贝娜的最后一周（李飞）

失去乳房与癌共处（张维、蒋玮琦）

四平米的家（陈倩儿、庄庆鸿、谢宛霏）

我是范雨素（范雨素）

武汉发哨人艾芬（龚菁琦）

永不抵达的列车（赵涵漠）

在快递公司上夜班的一年（胡安焉）

外卖骑手，困在系统里（赖祐萱）

疫苗之殇（郭现中）

五、14 篇说理作品

蒋介石之人生观（张季鸾）

失败的统治（储安平）

废弃"庸人政治"（邓拓）

做改革开放的领头羊（皇甫平）

打的赴会（范敬宜）

正确认识当前股票市场（人民日报特约评论员）

我向受暴雨重创的济南人民道歉（鄢烈山）

国旗为谁而降（郭光东）

假如媒体缺席……（裴智勇）

最牛钉子户是我们的好榜样（长平）

于凌罡只能代表于凌罡的利益（叶檀）

深圳，你被谁抛弃？（呙中校）

日本人凭什么能量产诺贝尔奖（姜建强）

互联网失去豁免权（阑夕）

六、14 本书

叫魂（孔飞力）

天朝的崩溃（茅海建）

伟大的中国革命（费正清）

关山夺路（王鼎钧）

巨流河（齐邦媛）

黄河边的中国（曹锦清）

思痛录（韦君宜）

往事并不如烟（章诒和）

夹边沟记事（杨显惠）

寻找家园（高尔泰）

私人生活的变革（阎云翔）

大河移民上访的故事（应星）

中国在梁庄（梁鸿）

一百年漂泊（杨渡）

七、14 部电影

活着

笔录人生（*The Note*）

秋菊打官司

总统班底（*All the President's Men*）

芙蓉镇

华盛顿邮报（*The Post*）

霸王别姬

五角大楼文件（*The Pentagon Papers*）

我不是药神
第四公民（*Citizen Four*）
渡口编年·陶家
汉娜·阿伦特（*Hannah Arendt*）
人生七年（*7 Up*）
人类星球（*Human Planet*）